Martina Wagner

Das Jahreszeiten-Spielebuch für Krippenkinder

Geschichten, Fingerspiele, Kreativideen und Spielaktionen für jeden Tag

AF810618

Illustrationen: Vanessa Paulzen

Ökotopia Verlag, Aachen

Impressum

Autorin Martina Wagner
Lektorat Karla Seedorf
Illustrationen Vanessa Paulzen
Covergestaltung PERCEPTO mediengestaltung
Satz Hain-Team (www.hain-team.de)
Druck booksfactory, Print Group SP. z o. o., Szczecin, Polen
ISBN 978-3-86702-323-8

9. Auflage 2022
© 2015 Ökotopia Verlag, Aachen

Bleiben Sie in Kontakt

www.oekotopia-verlag.de

FSC
www.fsc.org
FSC® C020637
The mark of responsible forestry

Inhalt

Vorwort

Krippenkinder lernen mit Kopf, Herz und Hand und mit allen Sinnen

Kinder erobern sich ihre Welt mit all ihren Sinnen. Die Aufgabe der Eltern und Erzieher/-innen bestehen darin, dem Kind Anregungen und Möglichkeiten zu bieten, die seinen Bedürfnissen und seiner Entwicklung entsprechen. Spiel- und Bewegungserfahrungen und die Auseinandersetzung mit verschiedenen Materialien spielen im täglichen Leben des Kindes eine zentrale Rolle und sollen eine Einheit bilden. Wenn wir uns als Erwachsene auf die Erlebniswelt des Kindes einlassen, erweist sich ihr scheinbar sinnloses Tun als sinnvolle Tätigkeit, um sich mit allen Sinnen die Welt zu erobern. Beim Experimentieren macht das Kind eine Vielzahl von Erfahrungen, die aufeinander aufbauen und für spätere Lernprozesse wichtig sind. Je jünger ein Kind ist, desto mehr lernt es durch Sehen, Hören, Tasten, Riechen, Schmecken, durch das Spüren der Bewegung und das Funktionieren seines Körpers die Umwelt kennen. Alles wird berührt und ausgiebig ertastet. Vieles wird noch in den Mund genommen. Diese Lernerfahrungen, die das Kind im Spiel durch Wahrnehmung und Bewegung in den ersten Lebensjahren macht, sind die Grundlage der Persönlichkeitsentwicklung.

Das Buch bietet eine Vielzahl praktischer Anregungen für die Arbeit mit kleineren Kindern zwischen 1 und 3 Jahren. Es zeigt Ideen auf, den Alltag und Jahreslauf sinnlich zu erleben und ein Lernen mit allen Sinnen zu ermöglichen. Praxiserprobte und leicht zu realisierende Spielideen, Fingerspiele, Spiellieder, Bewegungsspiele, kurze anschauliche Geschichten, Sinneserfahrungen und einfache Kreativangebote werden vorgestellt. Die hier versammelten Kreativ-, Spiel- und Bewegungsangebote begeistern Kinder, lassen erste Erfahrungen mit unterschiedlichen Materialien zu, regen die Experimentierfreude an, wecken Neugierde, ermutigen zu selbstständigem Denken und sensiblem Fühlen. Spielerisch setzen sich die Kinder mit ihrer Umwelt auseinander, sie spüren Freude und haben Erfolgserlebnisse und lernen dabei ganzheitlich.

Aufbau des Buches

Das Buch wurde speziell für die Arbeit mit Krippenkindern konzipiert. Auch Eltern, die sich zu Hause oder in Eltern-Kind-Gruppen intensiv mit ihrem Kind beschäftigen möchten, finden hier viele Anregungen.

Die Inhalte des Buches sind leicht umsetzbar und auf die Bedürfnisse dieser Altersgruppe abgestimmt. Die Angebote lassen sich in Kleingruppen oder in der Gesamtgruppe durchführen.
Es wurden bewusst jahreszeitliche Themen aufgegriffen, da sie eine Auseinandersetzung mit der Lebenswelt der Kinder ermöglichen.

Sie bieten die Möglichkeit, Wissen zu vertiefen und Neues kennenzulernen. Besonders die Kleinen brauchen einen direkten Bezug, um zu lernen und sich zu entwickeln.
Kinder lernen mit Kopf, Herz und Hand und vor allen mit ihren Sinnen. Nur so macht Lernen Freude und ermöglicht Erfolgserlebnisse. Deshalb werden alle Themen auf vielfältige Weise, ganzheitlich und kindgerecht aufgegriffen. Alle Sinne sollen dabei angeregt werden und die Freude am Tun steht im Vordergrund.
Zu den verschiedenen Jahreszeiten werden Themen vorgestellt, wie man den Kindern bestimmte Bereiche des täglichen Lebens und der Natur näherbringen kann.

Alle Geschichten, Reime, Texte und Lieder zum Vorlesen, Vorsprechen und Vorsingen sind in der hier dargestellten Schriftart gekennzeichnet.

Zu Beginn jedes Jahreszeiten-Unterthemas stehen jeweils kurze **Geschichten**, die dann mit Materialerfahrungen vertieft werden sollen. Wichtig ist, dass die Geschichten möglichst lebendig und anschaulich dargestellt werden. Dazu kommen die aufgelisteten Materialien und Gegenstände zum Einsatz: Sie begeistern nicht nur die jungen Zuhörerinnen und Zuhörer, sondern ermöglichen ihnen auch, Bezüge zur Alltagswelt herzustellen. Gerade die Kleinsten benötigen diese visuelle Unterstützung, um den Handlungsabläufen besser folgen zu können.
Die einfachen Geschichten sind klar strukturiert, so dass sie leicht frei erzählt werden können. Durch das freie Erzählen kann die Spielleitung stets Blickkontakt zu seinem jungen Publikum halten und somit besser auf es eingehen. Besonders freuen sich die Kinder, wenn sie persönlich mit einbezogen werden. In einigen Geschichten sprechen die vorkommenden Figuren sie direkt an: „Hallo, Kinder, ich bin's, die kleine Maus!" Die Kleinen können sprachlich und pantomimisch mitwirken und sogar direkten körperlichen Kontakt zu den Figuren aufnehmen.
Kinder lieben anschauliche und lebendige Geschichten. Schon die Jüngsten sehen und hören gespannt zu und freuen sich besonders über Wiederholungen. Eine Geschichte eignet sich als Einstieg, kann aber auch zwischendurch erzählt werden.

Nach einer Geschichte folgt jeweils eine Vertiefung des Themas. Wichtig ist, den Kindern die Zeit und die Möglichkeit zu geben, Naturmaterialien wie Blätter oder Steine genau zu erforschen, mit ihnen frei zu spielen und zu experimentieren. Besonders die Freispielzeit kann hierfür nochmals genutzt werden.
Bei einer **Sinneserfahrung** lässt sich aus Obst und Gemüse gemeinsam ein leckeres Essen zubereiten.

Ein weiterer fester Bestandteil des Buches sind **Fingerspiele und Spiellieder mit Bewegungen**. Diese begeistern schon die Kleinsten und sprechen sie auf ihrer kindlichen Ebene an. Lieder mit einfachen Texten und bekannten Melodien laden zum Mitsingen ein, vermitteln durch wiederkehrende Abläufe Vertrautheit und prägen sich schnell ein. Die Kinder freuen sich, auf ihre Weise durch Klatschen, Lallen, Singen oder Bewegungen an diesem Gemeinschaftserlebnis teilzuhaben und gelangen so rasch zu Erfolgserlebnissen. Wegen der bekannten Melodien können sie ohne langes Einüben gleich gesungen werden.
In jedem musikalischen Erlebnis steckt die intensive Auseinandersetzung mit Melodie, Bewegung, Sprache und Emotionen. Wer Musik macht, erlebt sie mit all seinen Sinnen. Ein Lied, ein Vers oder Reim erweitert ganz nebenbei

den Wortschatz der Kleinen. Der Einsatz von Instrumenten wie Trommeln, Rasseln oder auch „natürliche Krachmacher" wie kleine Stöckchen oder Topf und Kochlöffel lässt die Kinder aktiv mitwirken, regt die Sinne an und ist ebenso ein Teil musikalischer Förderung.
Geschichten, Singspiele und Fingerspiele wollen die Kinder immer wieder hören und sollten deshalb mehrmals mit ihnen durchgeführt werden.
Kinder lieben Wiederholungen, sie helfen ihnen beim Lernen, verschaffen ihnen Erfolgserlebnisse und Sicherheit. So ist es kein Zufall, dass die Kleinen ganz vernarrt in Lieder und Reime sind, die häufig wiederholt werden. Irgendwann weiß das Kind, was als Nächstes kommt, singt und klatscht mit und hat dabei einen Riesenspaß. Weil es den Ablauf kennt, fühlt es sich sicher und geborgen.

Ansprechende **Bewegungsimpulse** werden ebenfalls im Buch vorgestellt. Wenn ein Bewegungsraum vorhanden ist, kann dieser hierfür genutzt werden, ansonsten ist im Gruppenraum dafür genügend Platz zu schaffen. Beim Material wird bewusst auf Alltagsgegenstände wie Stühle, Decken oder Tische zurückgegriffen, die in jeder Einrichtung vorhanden sind.
Die Angebote regen zur Bewegung an und ermöglichen differenzierte Materialerfahrungen. Kinder wollen verschiedenste Materialien immer wieder ausprobieren, damit experimentieren, sie anfassen und sich damit, darin, darauf bewegen. Sie wollen die Welt um sich herum mit allen Sinnen wahrnehmen und alle Bewegungsmöglichkeiten mit ihrem Körper ausprobieren. Spielerisch verbessern sie so ihre Koordination und ihr Körpergefühl.
Bei den Bewegungsangeboten sollte die Gruppengröße nicht zu groß sein. Um ausreichend auf das Spiel der Kinder eingehen zu können, sollte die Spielleitung je nach Alter und Entwicklungsstand der Kinder sowie Anzahl der Betreuungspersonen eine geeignete Gruppenstärke wählen.

Schon kleine Kinder wollen mit Materialien gestalten. Im Buch werden Ideen aufgezeigt, wie sie mit den einfachsten Materialien kreativ werden und sie im Spiel einsetzen können. So sammeln sie erste **Kreativerfahrungen** mit Fingerfarben, Papier und unterschiedlichen anderen Materialien. Sie sind stolz auf ihr Werk und haben Freude daran.
Einfache Bastelarbeiten und verschiedene Gestaltungstechniken werden Schritt für Schritt erklärt. Je nach Alter und Entwicklungsstand benötigen die Kinder hierbei die Unterstützung der Spielleitung. Der Erwachsene gibt aber nur so viel Hilfestellung wie nötig. Die Kreativangebote sollten so vorbereitet werden, dass die Kinder möglichst viel daran gestalten und selbstständig arbeiten können. Dabei kommt es nicht auf das Ergebnis an, sondern die Freude am eigenen Tun steht im Vordergrund.
Kreativangebote sollten nur in Kleingruppen von ca. zwei bis vier Kindern stattfinden, damit die Spielleitung einen guten Überblick hat und die Kinder bei Bedarf unterstützen kann. Zusätzlich gibt es Altersangaben zur Orientierung.

Die verschiedenen im Buch verwendeten Materialien (Alltagsgegenstände, Blätter, Kastanien, Steine, Knete, Papier usw.) sollte die Spielleitung den Kindern auch im Freispiel anbieten. Dies kann in der freien Natur oder auch in der Krippe sein. Fertigkeiten und Erfahrungen, die bei gemeinsamen Aktionen und Bewegungsspielen ausprobiert wurden, werden somit im Freispiel aufgenommen und erweitert. Der Erwachsene sollte den Kindern genügend Zeit dafür geben und so wenig wie möglich ins Spiel eingreifen. Denn nur so kann das Selbstbewusstsein der Kinder gestärkt und die Freude am selbstständigen Erreichen des Zieles geweckt werden.

Gehen Sie mit den Kindern nach draußen und geben Sie ihnen möglichst viele Gelegenheiten, die Jahreszeiten hautnah und bewusst zu erleben. Denn wo lernen die Kinder besser und unmittelbarer etwas über den Wechsel der Jahreszeiten als draußen? Sich mit der **Natur** auseinanderzusetzen, macht den Kindern sehr viel Freude und erfordert ganz eigene Fähigkeiten, vermittelt ganz eigene Erfahrungen. Lassen Sie genügend Freiraum und Zeit zum Entdecken und Erleben. Teilen Sie mit den Kindern die Freude über die kleinen Dinge und gestalten Sie ein ganzheitliches Spielumfeld. Geräusche, Bilder, Gerüche und Empfindungen prägen sich tief ins kindliche Bewusstsein. Bei den Beschäftigungen mit einer anschaulichen Geschichte, einem Fingerspiel oder einem Spiellied zum Thema werden kindliche Erlebnisse aufgegriffen und erweitert.

Schön wäre es, wenn Sie gemeinsam mit den Kindern die Naturmaterialien für die vorgestellten Spiele sammeln und somit erste Erfahrungen damit ermöglichen.

Viel Freude mit den Kleinsten!

Martina Wagner

Frühling

Im Frühling erwacht die Natur zu neuem Leben. Die Kleinen können diese besondere Zeit mit allen Sinnen erleben. Jetzt gibt es draußen viele Veränderungen, die mit großem Staunen entdeckt werden. Dort, wo im Winter alles kahl oder mit Schnee bedeckt war, beginnt es zu sprießen. Es wird wieder grün und fängt an zu blühen. Schon die Kleinen nehmen diese Veränderungen in der Natur aufmerksam wahr. Zunehmend wird es wärmer, die Bäume sind mit Blüten übersät und es gibt immer mehr Blumen. Erst blühen Schneeglöckchen und Krokusse, dann Gänseblümchen und Löwenzahn.

Jetzt können die Kinder wieder mehr nach draußen gehen und sich im Freien länger aufhalten. Sie können auf den Wiesen herumtollen, die ein gigantisches Erlebnisfeld für die Kinder bieten. Blumen, Gräser und unendlich viele Tiere haben dort ihr Zuhause. Tiere, welche die Wiesen über und unter der Erde bevölkern, sind bereits für unter Dreijährige spannend und interessant. Regenwürmer können in der feuchten Erde entdeckt werden. Hier und da sind Maulwurfshügel. Spinnen, die kunstvolle Netze zwischen Grashalmen bauen, und Schnecken, die ihre Fühler ausstrecken, können bestaunt werden. Kleine Insekten, krabbelnde Käfer, flatternde Schmetterlinge und Vogelgezwitscher erfüllen die Natur mit neuem Leben. Fast alle Kinder mögen Tiere. Jedes Tier bewegt sich unterschiedlich fort und ist für sich etwas Einzigartiges.

Im Frühling beginnt auch die Pflanzzeit. Nun kann gesät und im Garten gearbeitet werden. Pflanzen beim Keimen beobachten, mit den Händen in der Erde wühlen und leckere Früchte pflücken – Gärtnern macht schon den Kleinsten Spaß. Nicht nur im Garten, auch auf der Fensterbank oder in kleinen Kisten können kleine Gartenzwerge sähen, pflanzen und ernten.

Mit die schönste und farbenfrohste Zeit im Frühling ist Ostern. Die Kinder freuen sich auf den Osterhasen. Schon die Kleinsten haben großen Spaß daran, Ostereier zu suchen.

Frühlingserwachen

Der Frühling ist da
(Spielgeschichte)

Material: Wiese (grünes Tuch), Sonne aus Papier, Blumen (Vase oder Blumentopf mit Frühlingsblumen), Käfer (Figur oder bemalte Nussschale), Schmetterling, Vogel und Hase (Spielfiguren / Plüsch- / Papiertiere)

Anleitung: Die Spielleitung legt ein grünes Tuch in die Mitte, erzählt den Kindern die Geschichte und bringt dabei die Frühlingsboten zum Einsatz.

Es ist Frühling geworden. Der Schnee ist geschmolzen und die **Sonne** scheint wieder wärmer. Auf den Wiesen blühen die ersten **Blumen**: Schneeglöckchen, Krokusse und Gänseblümchen. Endlich, ja, endlich ist der Frühling da!
Die **Vögel** kommen von ihrer langen Winterreise zurück und singen die schönsten Lieder *(pfeifen)*. Sie bauen sich ein neues Nest. Fröhlich fliegen sie über die blühenden Wiesen.
Jetzt finden sie wieder genügend Futter, Insekten, Würmer und Kräuter. Wie schön, der Frühling ist da!
Auf der Wiese tummeln sich kleine **Käfer**. Sie haben den ganzen Winter über geschlafen, jetzt sind sie wieder da. Vergnügt krabbeln sie an den Gräsern und Blumen hoch, kribbel, krabbel, kribbel, krabbel. Sie freuen sich: Hurra, hurra, der Frühling ist da!
Schmetterlinge werden von dem Duft der süßen Blumen angelockt. Vergnügt flattern sie über die Wiese. Sie freuen sich: Hurra, hurra, der Frühling ist da!
Die **Hasen** kommen aus ihrem Versteck. Sie haben fast den ganzen Winter über in ihrem Bau verbracht. Vergnügt hüpfen sie über die grüne Wiese und freuen sich: Endlich, ja, endlich ist der Frühling da!

Vertiefung: Es bietet sich an, mit den Kleinen einen Spaziergang in den Garten oder auf eine nahegelegene Wiese zu unternehmen. Die Geschichte kann als Einstieg dienen, sich auf die Suche nach dem Frühling zu machen. Die Kinder werden unzählige interessante Dinge entdecken, die zum gemeinsamen Gespräch anregen und betrachtet oder beobachtet werden können.

Der schöne Frühling
(Singspiel)

Material: evtl. Orffinstrumente oder klingende Gegenstände (Rasseln, Trommeln, Schellen)

Die Spielleitung stimmt die Kinder auf den Frühling ein. Sie singt mit den Kleinen das Lied und stellt die Szenen pantomimisch dar. Besonders die Kleinen neigen bei Kinderliedern dazu, in Rollen zu schlüpfen und die vom Lied vorgegebenen Handlungen mit dem ganzen Körper zum Ausdruck zu bringen. So können sie zum Lied als Vögel fliegen, als Käfer krabbeln usw. Mit Orffinstrumenten kann die Spielleitung die Freude über den Frühling zum Ausdruck bringen. Sobald das Lied für die Kinder bekannt ist, können die Kleinen es mit Rasseln, Schellen oder Trommeln begleiten. So können sich auch die Kinder, die die Sprache noch nicht beherrschen, musikalisch einbringen.

Melodie: Brüderchen, komm tanz mit mir

Es wird Frühling in der Welt,
die Sonne scheint auf Wald und Feld.
Ei, wie schön, ei, wie schön,
ist die Welt jetzt anzusehn.

Die vielen Blumen wieder blühn,
und überall wird's wieder grün.
Ei, wie schön, ei, wie schön,
ist die Welt jetzt anzusehn.

Käffer krabbeln hin und her,
den Frühling mögen sie so sehr.
Ei, wie schön, ei, wie schön,
ist die Welt jetzt anzusehn.

Die Vögel sind nun wieder hier,
baun sich ein Nest, sind froh wie wir.
Ei, wie schön, ei, wie schön,
ist die Welt jetzt anzusehn.

Schnecken kommen nun heraus,
strecken ihre Fühler aus.
Ei, wie schön, ei, wie schön,
ist die Welt jetzt anzusehn.

Schmetterlinge flattern wieder,
setzen sich auf Blumen nieder.
Ei, wie schön, ei, wie schön,
ist die Welt jetzt anzusehn.

Hasen hoppeln übers Feld,
weil es ihnen gut gefällt.
Ei, wie schön, ei, wie schön,
ist die Welt jetzt anzusehn.

Der Frühling ist 'ne schöne Zeit
und wir rufen laut juchei.
Trallali, trallala,
endlich ist der Frühling da!

Das Schneeglöckchen
(Fingerspiel)

Die Spielleitung betrachtet im Vorfeld mit den Kindern Schneeglöckchen. Sie erzählt den Kindern, dass sie zu den ersten Blumen gehören, die im Frühling blühen. Sie gibt den Kindern ausreichend Zeit, die Blume genau zu betrachten und benennt Blüte, Blätter, Stiel, Zwiebel und Wurzeln.

Achtung: Wenn die Kinder die Blume anfassen, müssen die Hände danach gewaschen werden.

Tief in der Erde von Schnee bedeckt
hat sich ein Schneeglöckchen versteckt.
(Beide Handflächen übereinander legen.)
Da weckt es die warme Sonne auf
(Mit beiden Händen eine Sonne andeuten.)
und Regentropfen fallen drauf.
(Finger als Regen von oben nach unten bewegen.)
Es reckt sich und schaut aus der Erde,
damit es endlich Frühling werde.
(Eine Hand waagrecht mit dem Handrücken nach oben halten, um die Erde anzudeuten. Von der anderen Hand den Zeigefinger ein kleines Stück zwischen den Fingern der waagrechten Hand hindurch stecken, um ein Knospe anzudeuten.)
Seine Blätter öffnet's dann
und fröhlich fängt's zu blühen an.
(Mit beiden Händen eine Blüte andeuten.)
Seht ihr das Blümelein, das zarte da?
Schaut, schaut: Schneeglöckchen, da bist du ja!

Vergnügte Tiere im Frühling
(Bewegungsimpulse)

Endlich ist der Frühling da! Die Wiesen sind wieder grün und die Blumen blühen. Ja, endlich, denken jetzt auch die Tiere, die im Winter lange versteckt waren. Sie trauen sich nun wieder heraus und sind ganz vergnügt. Denn endlich, ja, endlich ist der Frühling da!

Der Igel erwacht aus seinem Winterschlaf

Material: viele Chiffontücher / Tücher

Die Kinder häufen viele Chiffontücher zu einem Haufen (Blätterhaufen). Die Kleinen dürfen sich nun darin als Igel verstecken, darin schlafen und wieder hervorkommen. Die Spielleitung unterstützt das Rollenspiel, indem sie den Kindern hilft, sich mit den Tüchern zuzudecken.

Der Igel hat den ganzen Winter über geschlafen. Er hat sich in einem Blätterhaufen versteckt und mit den vielen Blättern warm zugedeckt. Nun kommt er langsam aus seinem Blätterhaufen heraus und freut sich, denn endlich ist der Frühling da!

Die Hasen im Hasenbau

Material: Röhrentunnel, Stuhlreihe oder Matten und Kästen

Ein Röhrentunnel oder eine Stuhlreihe wird als Hasenbau aufgestellt. Wenn kleine Kästen vorhanden sind, können diese parallel zur Wand aufgestellt werden.
Zwischen Wand und jeweils einem Kasten wird eine Matte als Tunnel gebogen. Die Kinder krabbeln nun als Hasen durch ihren Hasenbau, durch den Röhrentunnel, die Stuhlreihe oder die gebogenen Matten.

Auch die Hasen freuen sich: Endlich ist der Frühling da! Draußen ist es nun wieder wärmer und es gibt wieder saftiges Gras zu fressen. Voller Freude flitzen sie in ihrem Bau hin und her.

Frösche am Froschteich

Material: kleines Trampolin oder kleiner Kasten, Weichbodenmatte
Für die Variante: mehrere Kissen

Ein kleines Trampolin oder ein Kasten wird direkt an eine Weichbodenmatte gestellt. Die Kleinen sind nun Frösche, die vergnügt in den Froschteich (auf die Weichbodenmatte) hüpfen. Die Spielleitung gibt bei Bedarf Hilfestellung beim Trampolinbesteigen und beim Herunterhüpfen.
Wichtig ist, dass sich jeweils nur ein Kind auf dem Trampolin und auf der Weichbodenmatte befindet.

Die Frösche werden im Frühling wieder munter und hüpfen in den Froschteich. Fröhlich quaken sie, denn endlich ist der Frühling da!

Variante: Kissen werden als Steine im Teich (auf den Boden) ausgelegt. Die Kinder sind die Frösche, die auf den Steinen (Kissen) sitzen. Die Frösche hüpfen vergnügt ins Wasser und springen wieder zurück auf die Steine. Ältere Kinder können über die Steine springen oder von Stein zu Stein springen, ohne ins Wasser zu fallen.

Die Vögel bauen ein Nest

Material: zwei Turnmatten, viele Kissen oder Schaumstoffelemente

Zwei Turnmatten werden nebeneinandergelegt. Mit der Spielleitung ordnen die Kleinen darauf Kissen oder Schaumstoffelemente kreisförmig zu einem großen Vogelnest.

Die Kinder fliegen nun als Vögel um ihr großes Nest, krabbeln immer wieder hinein, machen es sich dort gemütlich und fliegen wieder nach draußen.

Die Vögel sind nun wieder vom Süden zurückgekehrt. Endlich ist es bei uns wieder warm und sie finden nun genügend Futter. Die Vögel machen sich gleich an die Arbeit und bauen sich ein neues Nest, in dem sie es schön warm und gemütlich haben.

Buntes Frühlingsbild
(Kreativimpuls)

Auf ganz einfache Weise können die Kinder ein farbenfrohes Frühlingsbild gestalten. In jedem Klecks steckt eine Menge Kreativität und Sinnesförderung. Die Kinder freuen sich, dass sie mit den Farben Spuren auf dem Papier hinterlassen.

Alter: ab 1½ Jahren

Material: großes dickes Malpapier oder saugfähige Tapetenreste, Wasser, Teller, Schwämme, Fingerfarben, Kinderpinsel, Malkittel, Lappen, evtl. Tonpapierstreifen und Klebstoff

Die Kinder gestalten mit Fingerfarbe:
Die Spielleitung verteilt an die Kinder Papier, gibt ein wenig Wasser in die Teller und verflüssigt damit die Fingerfarbe. Mit dem Schwamm tunken die Kleinen nun in das Wasser und befeuchten damit das ganze Papier (bei Tapetenresten Rückseite verwenden).

Anschließend tupfen die Kinder mit ihren Fingern oder mit einem Kinderpinsel Fingerfarbe auf das Papier. Da das Papier nass ist, verläuft die Farbe darauf und es entstehen schöne Farbverläufe.
Das bemalte Papier wird zum Trocknen gelegt und kann anschließend mit einem Rahmen versehen werden, indem die Kinder Tonpapierstreifen auf die Ränder des Bildes kleben.

Hinweis: Wenn die Kinder die Farbe wechseln, sollten sie ihre Finger am Lappen abputzen oder für jede Farbe einen anderen Pinsel verwenden.

Hühner und Hasen

Sobald die Tage wieder länger und wärmer werden, beginnt die Vorfreude auf Ostern. Alle Kinder freuen sich auf Ostern, besonders auf den Osterhasen. Der Ostereier bringende Hase ist ein echter Frühlingsbote.
Schön ist es, wenn die Spielleitung mit den Kindern echte Hasen und Hühner anschaut, zum Beispiel bei einem Ausflug zum Kleintierzoo oder Bauernhof. Die Kleinen interessieren sich schon früh für Tiere und ahmen oft ihre Geräusche nach.

Die Henne und der Osterhase
(Spielgeschichte)

Material: Henne (Figur), Hase (Figur, Plüsch), grünes Tuch, Körner, Nest (etwas Stroh), kleiner Korb, weiße und bunte Plastikeier, Pinsel, Farbtopf
Für die Vertiefung: hart gekochte Hühnereier

Anleitung: In die Mitte legt die Spielleitung ein grünes Tuch. Mit den aufgelisteten Materialien erzählt sie den Kindern die Ostergeschichte. Es bietet sich an, zum Schluss mit den Kleinen auf Ostereiersuche zu gehen – vielleicht finden die Kinder am Ende der Geschichte wirklich ein buntes Osterei.

In einem Hühnerstall, da wohnt die **Henne Frida**. Sie ist ein sehr fleißiges Huhn. Fast jeden Tag legt sie ein Ei. Jeden Tag macht sie ihren Spaziergang durch den Hühnergarten und scharrt im Boden nach leckeren Würmern. Mit ihrem Schnabel pickt sie die **Körnchen** auf, die der Bauer für sie ausgestreut hat. Sie freut sich darüber und bedankt sich durch ein lautes „Gock, gock, gock, gock." Abends, wenn Frida müde ist, setzt sie sich auf ihre Hühnerstange und schläft bis zum nächsten Morgen.
Im Wald, da wohnt der **Hase Hoppel**. Er ist ein sehr fleißiger Hase. Ganz vergnügt hüpft er über die Wiesen. Und jedes Jahr versteckt er zu Ostern bunte Ostereier für die Kinder.
Endlich ist der Frühling da! Im Garten blühen bunte Blumen, Tulpen und Osterglocken. Jetzt beginnt die Osterzeit. Es dauert nicht mehr lange bis zum Osterfest. Alle Hasen machen sich jetzt bereit. Auch der Hase Hoppel. Er ist schon ganz aufgeregt und hat nun wirklich viel zu tun. Für das Osterfest braucht er viele Eier.
Heute macht er sich gleich auf den Weg zu Henne Frida und nimmt einen großen **Korb** mit. **Henne Frida** wartet schon geduldig im Hühnerstall auf Hase Hoppel. Sie hat mit den anderen Hühnern viele **Eier** gelegt und sie im **Hühnernest** gesammelt.
„Hallo, Frida, schenkst du mir bitte wieder deine Eier für das Osterfest?", bittet der Hase. „Ja, klar.", sagt Henne Frieda, und der Hase darf alle **Eier** in sein **Körbchen** legen. Vorsichtig macht er sich gleich auf den Weg nach Hause, denn er hat noch viel zu tun.

Zuhause malt er die Eier mit **Farbe** und einem **Pinsel** bunt an. Oh, wie sich der Hase freut, als alle **Eier** bemalt sind! Er ist sehr stolz auf seine schönen Eier.
Jetzt muss er sie nur noch verstecken, damit die Kinder sie suchen können.
Früh am Morgen vor dem Osterfest, noch ehe die Sonne aufgeht, da versteckt der **Hase Hoppel** alle **Eier** im Garten der Kinder. Und nachdem er das letzte Ei versteckt hat, hoppelt er ganz schnell nach Hause und schläft müde ein. Und, was glaubt ihr, freuen sich die Kinder?

Vertiefung: Die Spielleitung betrachtet mit den Kindern Hühnereier. Die Kleinen schälen die hart gekochten Eier und dürfen sie kosten.

Das Huhn und der Hase
(Singspiel)

Material: evtl. Klanghölzer

Die Spielleitung singt mit den Kindern das Lied, das die Kleinen durch rhythmisches Klatschen oder mit Klanghölzern begleiten. Sie können sich dazu auch entsprechend im Raum bewegen oder es pantomimisch darstellen.

Melodie: Summ, summ, summ, Bienchen, summ herum
Gock, gock, gock, ganz fleißig ist das Huhn.
Es hat heute viel zu tun,
hat keine Zeit sich auszuruhn,
Gock, gock, gock, ganz fleißig ist das Huhn.

Pick, pick, pick, die Henne legt ein Ei.
Sie pickt die Körnchen eins, zwei, drei,
und setzt sich dann ins Nest hinein.
Pick, pick, pick, die Henne legt ein Ei.

Hüpf, hüpf, hüpf, der Hase hüpft herbei.
Er fragt die Henne um ein Ei:
Kann ich eins haben oder zwei?
Hüpf, hüpf, hüpf, der Hase hüpft herbei.

Hoppel, hoppel, hopp, jetzt kommt der Osterhas.
In jedes Osternest hinein
legt er die Eier bunt und fein.
Hoppel, hoppel, hopp, jetzt kommt der Osterhas.

Das fleißige Huhn
(Fingerspiel)

Das ist ein fleißiges Huhn,
es hat jeden Tag viel zu tun.
(Eine Hand als Huhn zeigen, dabei den Daumen als Kopf nach oben halten und die anderen Finger als Schwanz spreizen.)
Es gackert und läuft hin und her,
auf dem Hof gefällt es ihm sehr.
(Die Hand als Huhn hin- und herbewegen.)
Es pickt die Körnchen überall
(Mit den Fingerspitzen auf die Innenfläche der anderen Hand picken.)
und geht am Abend in den Stall.
(Mit beiden Händen ein Dach bilden.)
Es setzt sich auf die Hühnerstange,
(Eine Faust machen und auf die andere Hand ablegen.)
schläft ganz tief ein und auch sehr lange.
(Den Kopf nach unten beugen und die Augen schließen.)

Ostereierversteckspiel
(Bewegungsimpuls)

Bereits die Kleinsten finden es spannend, versteckte Dinge zu suchen. Bei diesem Spiel greift die Spielleitung passend zu Ostern den natürlichen Spieldrang der Kinder auf.

Material: Plüschhase, Korb, kleine Bälle / Sandsäckchen oder bunte Plastikeier

Die Spielleitung spricht einen Vers und hüpft mit einem Plüschhasen passend zum Text. Dabei versteckt sie kleine bunte Bälle / Sandsäckchen / bunte Plastikeier als Ostereier im Raum, z. B. hinter dem Rücken des Kindes, in der Spielecke, unter dem Teppich usw.

Ich bin ein kleines Häschen
mit einem Schnuppernäschen.
Meine Ohren, die sind lang und schön,
und hinten könnt ihr mein Schwänzchen sehen.
Ostereier, bunt und fein,
versteck ich heut für die Kinderlein.

Gemeinsam suchen die Kinder nun die Ostereier und legen sie in einen Korb.

Kinder, kommt schnell herbei,
suchen wir das Osterei.
Hier und dort, an jedem Ort!
Ist es noch so gut versteckt,
endlich wird es doch entdeckt.
Hier ein Ei und dort ein Ei!
Bald sind's zwei und drei.

Das Spiel kann immer wieder mit den Kindern gespielt werden. Ältere Kinder können die Rolle des Osterhasen übernehmen und nun selbst etwas verstecken. Dabei lieben die Kinder es, die Verse gemeinsam mit der Spielleitung zu sprechen.

Ostereier färben
(Kreativimpuls)

Bunte Eier haben für die Kinder etwas Faszinierendes. Auf einfache Weise können schon die Kleinsten schöne bunte Eier gestalten. Besonders stolz sind sie, wenn sie ihre selbst gefärbten Eier am Osterstrauß im Zimmer hängen sehen.

Alter: ab 1½ Jahren

Material: leere Eisdosen oder Margarinebecher, Fingerfarben, Plastikeier, Styroporplatte, Holzspieße, Faden, Malkittel

Die Kinder färben Ostereier:
Die Spielleitung gibt ein paar Tropfen Farbe in die Eisdose. Die Farbe darf nicht zu dickflüssig sein, die Fingerfarbe kann bei Bedarf mit Wasser verdünnt werden. Sinnvoll ist es, nicht mehr als zwei Farben zu verwenden (z. B. gelb und rot, blau und gelb, blau und rot), da durch das Mischen zu vieler einzelner Farbtöne sonst graue oder braune Farbtöne entstehen.
Die Kinder legen ein Ei in die Eisdose, halten sie mit beiden Händen fest und lassen das Ei durch die Farbe hin- und herkreisen. Für die ganz Kleinen empfiehlt es sich, die Dose mit dem Deckel zu schließen, damit das Ei nicht herauskullern kann.

Sobald das Ei marmoriert aussieht, nimmt die Spielleitung es vorsichtig aus der Eisdose und steckt es auf einen Stab. Zum Trocknen wird der Stab mit dem Ei in eine Styroporplatte gesteckt. Die Eier werden zum Schluss mit einem Faden versehen.
Wenn noch genügend Farbe in der Eisdose ist, kann gleich das nächste Ei gefärbt werden. Wird eine andere Farbe gewünscht, verwendet man eine andere Eisdose oder die Dose muss ausgewaschen und getrocknet werden.

Hinweis: Auf die gleiche Weise können auch abgekochte Eier gefärbt werden. Zum Trocknen in einen Plastikteller legen.

Der Garten

Lisas Garten
(Spielgeschichte)

Material: Erde (braunes Tuch), Lisa (Handpuppe), Sonne aus Papier, Regen (blaues Chiffontuch), Samen, kleiner Kinderrechen, Pflänzchen (grüne Märchenwolle), kleine Gießkanne, Blumen
Für die Vertiefung: Blumentopf, Erde, Blumensamen

Anleitung: Die Spielleitung legt ein braunes Tuch in der Mitte als Garten aus. Mit den aufgelisteten Gegenständen stellt sie die Geschichte anschaulich dar. Als Regen bewegt sie ein blaues Chiffontuch leicht über den Garten.

Das ist **Lisa**. Sie hat mit ihrer Mama einen **Garten**. Doch der Garten ist noch ganz kahl. Im Winter war er mit einer dicken Schneeschicht bedeckt. Jetzt ist der Schnee geschmolzen und die **braune Erde** ist zu sehen.
Heute scheint die **Sonne** und es ist schön warm. **Lisa** geht nach draußen und möchte in den Garten. Mit einem **Rechen** lockert sie die Erde im Garten, bis keine Klumpen mehr zu sehen sind. Lisa hat von ihrer Mama kleine **Samen** bekommen, die möchte sie heute säen. Sie streut die Samen in den Garten und bedeckt sie etwas mit brauner Erde.
Jetzt müssen sie nur noch wachsen. Doch das dauert seine Zeit. Es muss erst **regnen**, denn der Samen braucht Wasser und die **Sonne** macht die Erde warm, damit die Samen keimen.
Nach langem Warten kann **Lisa** endlich eines Tages etwas sprießen sehen. Da, aus der Erde, da schaut doch etwas **Grünes** hervor! Es wächst und wächst und wird jeden Tag größer. Erst sind es noch kleine grüne Blätter, doch dann bilden sich Knospen.
Die **Sonne** scheint warm und an einigen Tagen **regnet** es. Und wenn es nicht regnet, dann hilft Lisa ein wenig nach und **gießt** fleißig ihre kleinen **Pflänzchen**.
Und eines Tages, schaut einmal, was ist geschehen? Die **Blumen** blühen und sind wunderschön. **Lisa** freut sich und hüpft vor Freude im Garten herum.

Vertiefung: Die Spielleitung zeigt den Kindern Blumensamen. Sie können sie befühlen und anschließend in einen mit Erde gefüllten Blumentopf säen. An der Fensterbank können sie nun das Keimen und Wachsen der Blumen beobachten.

Wir haben einen Garten
(Singspiel)

Material: braunes Tuch, bunte Chiffontücher

Die Spielleitung legt ein braunes Tuch in der Mitte aus und verteilt bunte Chiffontücher an die Kinder. Während des Liedes legen die Kinder die Chiffontücher als Blumen und Gemüse in den Garten (auf das braune Tuch).

Melodie: Ein Männlein steht im Walde
Wir haben einen Garten, der ist bunt und schön.
Es wachsen darin Blumen – könnt ihr sie sehn?
Rot und gelb und blau und grün:
Seht, wie bunt die Blumen blühn.
Wir haben einen Garten, der ist bunt und schön.

Wir haben einen Garten, der ist bunt und schön.
Es wächst darin Gemüse – könnt ihr es sehn?
Tomaten, Gurken und Salat.
Erdbeeren, Karotten und Spinat.
Wir haben einen Garten, der ist bunt und schön.

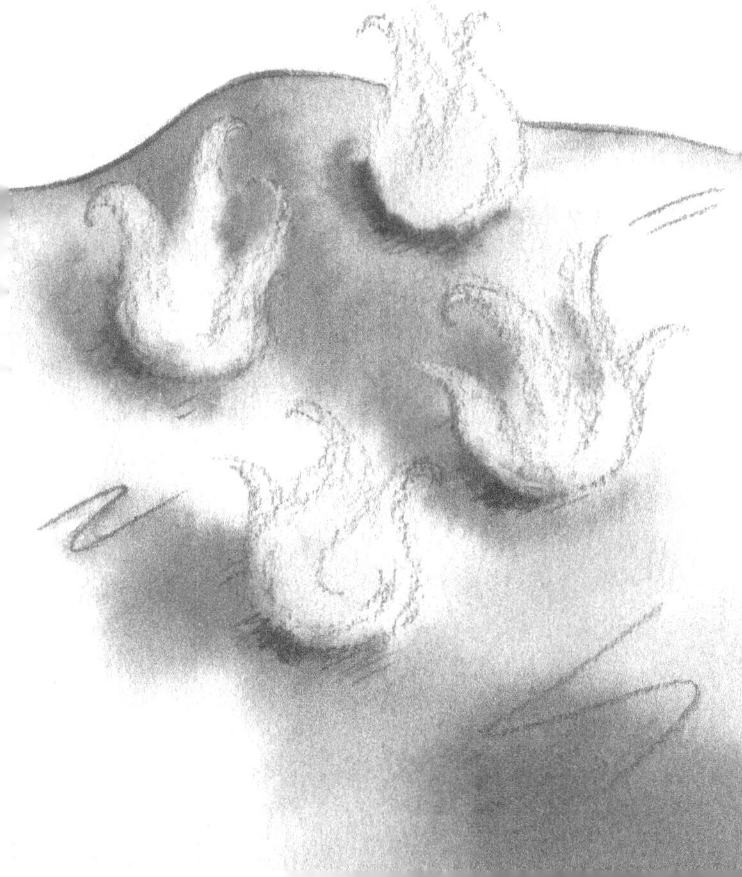

Der Regenwurm
(Fingerspiel)

Das Fingerspiel ist für die Kinder sehr lustig, besonders, wenn der Wurm über die verschiedenen Körperteile wandert und zuletzt in der Faust verschwindet.

Material: dicker Wollfaden
Für die Vertiefung: Einmachglas mit Gartenerde, Blättern und Zwiebelschalen

In unserm Garten wohnt ein Regenwurm.
Es ist ein wirklich frecher Wurm.
(Einen Faden in der Faust verstecken.)
Er steckt neugierig sein Köpfchen raus
und kriecht dann aus der Erde heraus.
(Langsam den Faden aus der Faust ziehen.)
Er kriecht mal hier, er kriecht mal dort
(Den Faden über den Arm kriechen lassen.)
und auf einmal ist er wieder fort.
(Den Faden wieder in der Faust verschwinden lassen.)
Dann krabbelt er ganz frech hinauf
und setzt sich auf die Nase drauf.
(Den Faden über den Körper bis zur Nase kriechen lassen.)
Kriecht weiter auf den Kopf ganz munter
und über 'nen Arm wieder herunter.
Nun rutscht er vom Bauch auf die Knie,
dann zu den Füßen irgendwie.
(Den Faden zu den verschiedenen Körperteilen kriechen lassen.)
Er kitzelt – hui, der Fuß, der wackelt,
der Wurm fällt runter. Schau, wie er zappelt!
(Mit den Füßen wackeln und den Faden zappeln lassen.)
Jetzt kriecht der Regenwurm wieder heim,
ganz tief unter die Erde hinein.
(Faden wieder in der Faust verschwinden lassen.)

Die Spielleitung kann im Anschluss an das Fingerspiel mit den Kindern draußen im Garten nach einem echten Regenwurm suchen. Mit einer Schaufel macht sie ein Loch in die Erde und mit ein wenig Glück kann ein Regenwurm in der feuchten Erde entdeckt werden. Wer sich traut, kann den Wurm auf seinen Händen kriechen lassen.
In einem großen Einmachglas können Regenwürmer in der Krippe beobachtet werden. Die Kinder füllen ein großes Einmachglas mit Gartenerde und legen ein oder mehrere Regenwürmer hinein. Damit die Regenwürmer Nahrung haben, legen sie auch Zwiebelschalen, Blätter oder Salatblätter in das Glas.
Nach mehreren Tagen können die Kleinen am Glasrand erkennen, dass die Regenwürmer Gänge gegraben haben und beobachten, wie Teile der Nahrung langsam nach unten wandern. Nach einer Woche bringen die Kinder mit der Spielleitung die Regenwürmer wieder zurück an ihren alten Ort.

Hinweis: Die Erde muss im Glas immer leicht feucht sein, aber nicht nass!

Minigarten
(Sinneserfahrung)

Es ist immer wieder ein kleines Wunder für die Kinder, Samenkörner in die Erde zu legen, sie zu gießen und nach wenigen Tagen zu beobachten, wie erste grüne Spitzen hervortreten.
Mit Begeisterung beobachten die Kleinen deren Wachstumsfortschritt, bis irgendwann aus den kleinen Körnern stattliche Pflanzen geworden sind, die farbenfrohe Blüten oder sogar Essbares, sprich Obst und Gemüse, hervorbringen.

Alter: ab 2 Jahren

Material: Obstkisten, Kunststofffolie, Schere, Heftzwecken, Erde, kleine Schaufeln, Samen (Radieschen, Löwenmäulchen, Tagetes), Pflanzenstecklinge (Erdbeeren), Gießkannen

Vorbereitung: Hohe, stabile Obstkisten mit Kunststofffolie ausschlagen. (Hierfür kann ein fester Müllbeutel an einer Seite und am Boden aufgeschnitten werden.) Diese wird so in die Obstkiste gelegt, dass ihre Ränder an allen vier Seiten etwas überstehen, so dass man sie nach außen schlagen kann. Die Folie mit einigen Heftzwecken befestigen.
Damit das überschüssige Wasser ablaufen kann, mit einem spitzen Gegenstand einige Löcher in den Folienboden bohren.

Die Kinder säen und pflanzen:
Die Kinder füllen mit Schaufeln Erde in ihre Obstkisten. Die Spielleitung füllt hierfür die Erde in ein großes breites Gefäß (Wanne), so dass die Kinder die Erde gut herausnehmen können. Sie sollte ca. 2 bis 3 Fingerbreit unterhalb des Kistenrands reichen.
Die Spielleitung zeigt den Kindern Erdbeersetzlinge, die sie in die Kiste pflanzen dürfen. Zum Pflanzen der Stecklinge graben sie ein kleines Loch in die Erde und setzen den Wurzelballen hinein. Nun den Steckling ein wenig festdrücken und, wenn nötig, noch etwas Erde um die Wurzeln geben. In eine Kiste nicht mehr als zwei Stecklinge setzen, denn wenn sie zu dicht nebeneinander wachsen, nehmen sie sich bald gegenseitig den Platz weg.
Die Spielleitung gibt den Kindern ein paar Samenkörner in die Hand. Diese verteilen sie im Gärtchen und bedecken sie ein wenig mit Erde. Nun können die Kinder fleißig gießen und gespannt das Wachsen der Pflanzen beobachten.

Erdbeerquark
(Sinneserfahrung)

Wenn der Mai sehr viel Sonnenschein gebracht hat, dann können die Kinder schon Ende Mai oder im Juni Erdbeeren ernten, die ersten reifen Früchte im eigenen Garten. Die Kinder lieben die roten Früchte, sie riechen gut und schmecken süß.

Alter: ab 2 Jahren

Zutaten: 500 g Quark, ca. 2 EL Zucker, 500 g Erdbeeren

Material: Kinderschürzen, großes Abtropfsieb, Schneidebrettchen, kleine Messer, große Schüssel, Löffel, Schälchen

Die Kinder bereiten Erdbeerquark zu:
Zuerst waschen sich die Kinder ihre Hände.
Im kalten Wasser waschen die Kleinen dann die Erdbeeren und legen sie in ein großes Abtropfsieb. Mit einem Löffel geben sie den Quark in eine große Schüssel und rühren zwei Löffel Zucker unter.
Anschließend die Kelchblätter von den Beeren zupfen. Mit Hilfe der Spielleitung die Erdbeeren in kleine Stücke schneiden und in die Schüssel geben.
Nacheinander können sie jetzt die Erdbeeren mit dem Quark verrühren. Fertig ist der Erdbeerquark und kann nun gemeinsam gegessen werden!

Hinweis: Schon kleine Kinder können beim Tischdecken und Abräumen helfen. Beschäftigungen im Haushalt machen Kinder selbstständig. Sie fördern Verantwortungs- und Zusammengehörigkeitsgefühle in der Krippe und ganz nebenbei auch die Sinneswahrnehmung. Kinder helfen sehr gerne im Haushalt mit und identifizieren sich dabei mit der Arbeit der Großen. Es sollten dem Kind immer nur Aufgaben übertragen werden, die es auch bewältigen kann.

Die Schnecke

Die kleine Schnecke
(Spielgeschichte)

Material: Schnecke (Figur oder Schneckenhaus), Wiese (grünes Tuch), Pflänzchen (grüne Märchenwolle), großes Blatt (Sonnenblumenblatt oder aus Papier), Regen (blaues Chiffontuch), Sonne aus Papier

Anleitung: Die Spielleitung legt ein grünes Tuch als Wiese aus und verteilt darauf grüne Märchenwolle, die sie zuvor als Pflänzchen zurechtgezupft hat.
Das große Blatt legt sie aufs Tuch, damit sich die Schnecke während der Geschichte darunter verstecken kann.
Mit einer kleinen Schnecke lässt sie die Geschichte lebendig werden. Dabei kann sie die Schnecke ganz nah bei den Kindern über ihre Füße oder unter ihren Beinen krabbeln lassen.

Wie schön es ist! Der Frühling ist da. Überall ist es nun grün und es duftet nach Blumen und Blüten. Heute **regnet** es. Alles wird nass, die Bäume, die Blumen und das Gras. Die Pflanzen freuen sich, denn sie brauchen das Wasser, das in kleinen Tropfen vom Himmel fällt, zum Wachsen. Nicht nur die Pflanzen freuen sich, sondern auch dieses kleine Tier hier, das sich unter dem **Blatt** versteckt hat. Es kriecht auf dem Boden und trägt sein Haus mit sich herum. Es ist eine **Schnecke**. Sie hat die Fühler weit ausgestreckt. Heute, wo es draußen nass ist, da wagt sie sich in den Garten hinaus. Schaut, wie langsam sie vorwärts kriecht. Sie hat keine Beine wie wir und trotzdem kommt sie voran, zwar nur ganz langsam, doch sie erreicht ihr Ziel. Hungrig kriecht sie zu den zarten **Pflänzchen** und knabbert daran. „Mmm, die schmecken gut."
Dann kriecht sie wieder weiter. Die **Sonne** kommt zum Vorschein. Ihre warmen Strahlen machen die Bäume, Blumen und Gräser wieder trocken. Das gefällt der kleinen **Schnecke** gar nicht. Es ist ihr schrecklich heiß und sie hat große Mühe, sich ein Schattenplätzchen zu suchen. Endlich erreicht sie ein **großes Blatt**, das weit auf die Erde herunterhängt. Erleichtert kriecht sie darunter und ruht sich ein wenig aus. Im Schatten hält die Schnecke es gut aus.
Nachts, wenn es dunkel wird, kriecht die Schnecke in ihr Schneckenhaus hinein und schläft. Früh am Morgen, wenn die Wiesen vom Tau ganz feucht sind, kommt sie wieder aus ihrem Schneckenhaus heraus, streckt die Fühler aus und kriecht umher.

Vertiefung: Die Schnecke liebt Feuchtigkeit und hinterlässt beim Kriechen eine Schleimspur. Sie gehört zu den Tieren, die besonders gut beobachtet werden können, weil sie nicht so schnell davonläuft.
Draußen können die Kinder nach Regenwetter auf Entdeckungsreise gehen und Schnecken mit und ohne Haus beobachten.

Eine Schnecke
(Bewegungsspiellied)

Die Kinder lassen ihre Hand als Schnecke von unten nach oben über den Kopf und dann wieder hinunter wandern. Zum Schluss wird am Bauch gekitzelt. Dieses Spiellied lässt sich auch mit anderen Körperteilen oder Tieren spielen, z. B. „kitzelt an den Füßen" oder „Ein kleiner Käfer, ein kleiner Käfer, krabbelt rauf …".

Melodie: Bruder Jakob
Eine Schnecke, eine Schnecke
kriecht hinauf, kriecht hinauf,
kriecht wieder runter, kriecht wieder runter.
Kitzelt an dem Bauch, kitzelt an dem Bauch.

Hinweis: Einfache Körperwahrnehmungsspiele wie dieses eignen sich auch als Begleitung beim Wickeln. Sie ermöglichen eine intensive Kontaktaufnahme. Eine sehr gute Bindung zur Betreuungsperson ist im pädagogischen Alltag besonders wichtig. Die Kleinen lieben die Nähe und den Körperkontakt zur Spielleitung und genießen die gemeinsame Zeit.

Die Schni-Schna-Schnecke
(Fingerspiel)

Die Schni-schna-Schnecke
kommt langsam nur vom Flecke.
Die Schni-Schna-Schnecke
kriecht langsam eine Strecke.
Die Schni-Schna-Schnecke
hat ihre Fühler ausgestreckt.
(Zeige- und Mittelfinger der einen Hand sind die Fühler, die Faust der anderen Hand ist das Schneckenhaus. Die Schnecke bewegt sich langsam vorwärts.)
Die Schni-Schna-Schnecke
hat leckeren Salat entdeckt.
(Die Schnecke an einer Stelle verweilen lassen und genüsslich schmatzen.)
Die Schni-Schna-Schnecke
zieht ihre Fühler ein.
Die Schni-Schna-Schnecke
kriecht in ihr Haus hinein.
(Zeige- und Mittelfinger als Fühler einziehen.)

Die kleine Schnecke
(Bewegungsimpuls)

Dieses Bewegungsspiel kann beliebig lang ausgedehnt werden. Die Kinder lieben es, durch die Stühle zu krabbeln und sich immer wieder darunter ein Versteck zu suchen.

Material: Stühle, grüne Tücher, evtl.
Regenrohr oder Rassel, Glockenspiel

Die Spielleitung verteilt Stühle im Raum und legt grüne Tücher darüber. Diese stellen die Blätter dar, unter welche die Schnecken kriechen und sich immer wieder ein Schattenplätzchen suchen.
Als Einstieg erzählt sie den Kindern vom Regen und von den Schnecken. Den Regen kann sie mit einem Regenrohr oder einer Rassel verdeutlichen.

Es hat geregnet, draußen ist nun alles nass geworden. Oh, wie das die Schnecken freut! Jetzt wagen sie sich aus ihrem Versteck nach draußen. Sie machen vergnügt einen Frühlingsspaziergang über die feuchte Wiese und kriechen unter den vielen Blättern hindurch.

Die Kinder krabbeln als Schnecken beliebig im Raum umher und unter den Blättern (Stühlen) hindurch. Wenn sie die Tücher streifen, kitzelt es sanft auf ihrer Haut.

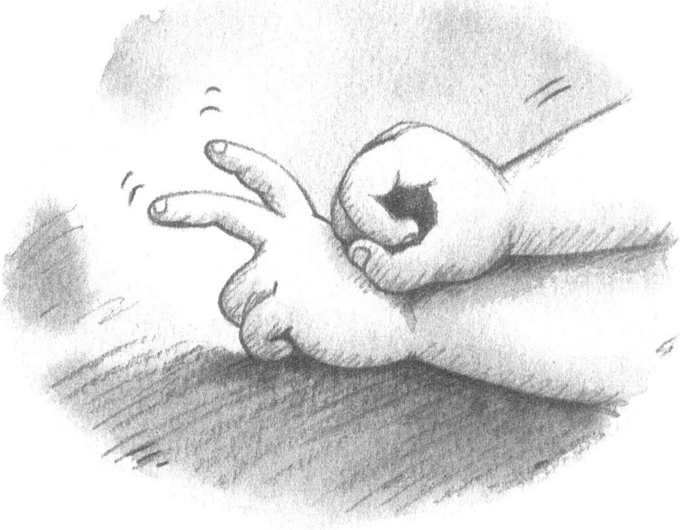

Die Sonne kommt hinter den Wolken hervor. Ihre warmen Strahlen trocknen das Gras und die Blätter. Es ist nun ganz heiß. Oh, das gefällt den Schnecken gar nicht! Sie kriechen zu einem Blatt, verstecken sich darunter und ruhen sich aus.

Während die Spielleitung die Sonne mit einem Glockenspiel musikalisch darstellt, suchen sich die Kinder ein Versteck unter einem Stuhl. Dann lässt die Spielleitung es wieder regnen und die Schnecken kommen aus ihren Verstecken hervor und krabbeln umher.

Schnecke aus Salzteig
(Kreativimpuls)

Bei einem Frühlingsspaziergang kann die Spielleitung mit den Kindern viele leere Schneckenhäuser sammeln. Diese eignen sich hervorragend zum Spielen und Basteln.

Alter: ab 2 Jahren

Zutaten: 1 Tasse Salz, 2 Tassen Mehl, Wasser, braune Lebensmittelfarbe

Material: leere Schneckenhäuser, Tassen, Löffel, große Schüssel, Messer, Backbleche, Backpapier

Salzteigherstellung:
Mit einem Löffel füllen die Kinder das Mehl und Salz zum Abmessen in eine Tasse und schütten es anschließend in eine große Schüssel.
Sie vermischen Mehl und Salz miteinander, verarbeiten das Ganze mit etwas Wasser zu einem formbaren Knetteig und färben ihn mit brauner Lebensmittelfarbe.

Die Kinder basteln eine Schnecke:
Die Kleinen formen aus dem Salzteig die Körper für die Schnecken. Hierfür gibt die Spielleitung ihnen ein kleines Stück Teig. Die Kinder kneten es gut durch und rollen daraus den Körper.
Dann drücken sie vorsichtig ein leeres Schneckenhaus auf den Schneckenkörper.
Am vorderen Ende schneiden die Kleinen mit Hilfe der Spielleitung mit dem Messer vorsichtig in den Teig hinein, so dass zwei Fühler entstehen.
Die fertigen Schnecken werden auf ein mit Backpapier ausgelegtes Backblech gesetzt und bei 75° C im Backofen 1 Stunde lang ausgehärtet.

Die Raupe und der Schmetterling

Die Raupe wird zum Schmetterling
(Spielgeschichte)

Material: Blatt mit Ei (Papier), Blatt mit Loch (Papier), Raupe (Feinstrumpf, Wackelaugen, Klebstoff), grüne Blätter, Kokon (Wollsocke), Schmetterling (2 Chiffontücher), Blumen (Chiffontücher)

Vorbereitung: Aus grünem Tonkarton schneidet die Spielleitung zwei große Blätter aus in der Größe eines Armes.
Auf ein Blatt klebt sie ein weißes Ei aus Papier und in das andere schneidet sie ein Loch, so dass die Hand hindurch passt.
Auf einen Feinstrumpf werden an der Fußspitze Augen für die Raupe geklebt.

Anleitung: Die Spielleitung wickelt zwei Chiffontücher (Schmetterlingsflügel) um den Unterarm und zieht den Feinstrumpf als Raupe darüber. Dann erzählt sie die Geschichte. Die Raupe lässt sie am Anfang hinter dem Blatt verschwinden.

Wenn die Raupe nun während der Geschichte aus dem Ei schlüpft, legt sie das Blatt zur Seite und die Raupe ist nun für die Kinder sichtbar. Dann steckt sie die Hand durch das Loch im Blatt, bewegt den Arm als Raupe und lässt sie anschließend über die anderen Blätter wandern.
Für den Kokon zieht sie eine Wollsocke über die Raupe (Feinstrumpf). Wenn der Schmetterling aus dem Kokon schlüpft, zieht die Spielleitung die Chiffontücher aus dem Feinstrumpf und bewegt sie als Schmetterlingsflügel.
Als Schmetterling fliegt sie zu den Kindern, die Chiffontücher als Blumen halten.

Auf einem **Blatt**, da liegt ein kleines **Ei**. An einem schönen Tag, da macht es knicks und knacks, und schon zerbricht das kleine Ei. Es schlüpft eine

kleine **Raupe** heraus. Die Raupe hat großen Hunger und frisst sich gleich durch ein **grünes Blatt**. Jeden Tag frisst die kleine Raupe nun viele grüne **Blätter**, bis sie ganz satt ist. Die Raupe ist jetzt groß und dick geworden. Vom vielen Fressen ist sie nun ganz müde. Sie baut sich ein kleines Haus, einen **Kokon**. Darin bleibt sie viele Tage. Doch eines Tages knabbert sie ein Loch in ihren Kokon und schlüpft hinaus.

Doch was ist geschehen? Schaut einmal! Aus der Raupe ist ein **Schmetterling** geworden. Er hat wunderschöne Flügel. Mit seinen Flügeln fliegt der Schmetterling nun über die bunten Wiesen. Seht, wie er sich freut, er flattert vergnügt umher. Er flattert hier, er flattert da und denkt sich: „Endlich kann ich fliegen, ist das toll!"

Viele **Blumen** sieht der schöne Schmetterling auf der Wiese blühen. Fröhlich fliegt er zu den bunten Blumen. Und wenn ihr genau hinschaut, dann seht ihr, wie der Schmetterling aus den Blumen süßen Nektar trinkt.

Melodie: beliebig
Schmetterling, Schmetterling,
du bist wunderschön,
Schmetterling, Schmetterling,
jeder kann dich sehn.
Schmetterling, Schmetterling,
zeigst uns deine Farbenpracht,
Schmetterling, Schmetterling,
wenn die Sonne lacht.

Vertiefung: Die Spielleitung gibt den Kindern ausreichend Zeit, mit den bunten Chiffontüchern zu spielen. Die Kinder können sie langsam durch die Luft schweben lassen, sich darunter verstecken oder hindurchschauen. Sie können die Tücher auch als Flügel in den Händen halten und damit als Schmetterlinge umherflattern.

Gemeinsam begibt sich die Spielleitung mit den Kindern an einem schönen Frühlingstag auf eine Blumenwiese. Mit ein wenig Glück können flatternde Schmetterlinge und krabbelnde Raupen beobachtet werden.

Die Raupe frisst sich dick und satt
(Bewegungsspiellied)

Melodie: Dornröschen war ein schönes Kind
Die Raupe frisst sich dick und satt,
dick und satt, dick und satt,
weil sie so großen Hunger hat, Hunger hat.
(Eine Hand als Raupe hin- und herbewegen.)

Die Raupe baut ein Kokonhaus,
Kokonhaus, Kokonhaus,
und hält es darin lange aus, lange aus.
(Die Raupenhand in der anderen Hand verschwinden lassen.)

Dann schlüpft sie aus dem Kokon raus,
Kokon raus, Kokon raus,
und sieht jetzt ganz anders aus, anders aus.
(Mit der Raupenhand aus der anderen Hand herausschlüpfen.)

Sie ist jetzt nun ein Schmetterling,
Schmetterling, Schmetterling,
ein wirklich schöner Schmetterling,
Schmetterling.
(Die Hände und Arme als Flügel ausbreiten.)

Er breitet seine Flügel aus,
Flügel aus, Flügel aus,
und fliegt jetzt in die Welt hinaus, Welt hinaus.
(Im Kreis umherfliegen.)

Er sucht sich eine Blume aus,
Blume aus, Blume aus,
und trinkt den süßen Nektar raus, Nektar raus.
(Mit dem Oberkörper nach unten beugen und pantomimisch trinken.)

Raupen krabbeln, Schmetterlinge fliegen
(Bewegungsimpulse)

Kleine Raupen krabbeln

Material: Schaumstoffmatten, Bänder, Decken, Sandsäckchen, Kissen, Schaumstoffelemente, breites Holzbrett, Turnbank (Langbank), Matte

Die Spielleitung gestaltet mit den Kindern eine Bewegungslandschaft:
Schaumstoffmatten werden zusammengerollt und mit Bändern festgebunden, so dass Rollen entstehen.
Unter ausgebreiteten Decken werden Sandsäckchen, Kissen oder Schaumstoffelemente verteilt.
Ein Brett wird auf den Boden gelegt, eine Turnbank wird aufgestellt und eine Matte zum Absteigen ausgelegt.

Die Kinder krabbeln nun als Raupen über die Baumstämme (Brett und Langbank). Sie kriechen über die Wiesen (Schaumstoffrollen), fühlen die Erhebungen unter der Decke und nehmen dabei die unterschiedlichen Eigenschaften der Materialien wahr.

Die kleinen Raupen freuen sich, denn heute ist es besonders schön. Die Sonne scheint und es duftet nach Frühling. Vergnügt krabbeln sie über die Baumstämme zu den grünen Blättern und über das saftige Gras. Dabei müssen sich die kleinen Raupen ganz schön anstrengen, um über die vielen Hindernisse vorwärtszukommen.

Die Raupe verpuppt sich

Material: Matten, Leinentücher, Meditationsmusik

Jetzt haben sich die Raupen ganz vollgefressen und spinnen sich in einen Kokon ein. Darin ist es warm und eng und die Raupen schlafen ein.

Die Spielleitung breitet auf den Matten Leinentücher aus.
Die Kinder legen sich darauf und die Spielleitung wickelt die Kleinen darin ein, so dass nur der Kopf noch herausschaut. Dabei streichelt sie den Kindern sanft über den Rücken oder Bauch. Im Hintergrund lässt sie ruhige Meditationsmusik laufen. Die Kinder können sich ein wenig ausruhen und entspannen.

Schmetterlinge fliegen

Material: Chiffontücher, Wäscheklammern, beschwingte Instrumentalmusik

Die Raupen haben sich in Schmetterlinge verwandelt und krabbeln aus dem Kokon heraus. Sie haben bunte Flügel, die im Licht der Sonne schimmern und leuchten. Vergnügt und munter fliegen die Schmetterlinge über eine große Wiese.

Die Kinder krabbeln aus ihrem Kokon heraus und sind nun Schmetterlinge.
Die Spielleitung befestigt mit Wäscheklammern zwei Chiffontücher mit je einer Ecke im Nacken am Hemd. Jeweils eine andere Ecke des Tuches bindet sie am rechten und linken Handgelenk der Kinder fest, so dass die Tücher als Flügel leicht fallen.

Die Kleinen fliegen und tanzen nun mit ihren Schmetterlingsflügeln frei zu einer schönen, beschwingten Musik.

Schmetterling aus Filtertüten
(Kreativimpuls)

Alter: ab 1½ Jahren

Material: (weiße) Filtertüten, Fingerfarben, Kinderpinsel, Teller, Schwamm, Chenilledraht (Pfeifenputzer), Kinderscheren, Malkittel

Die Kleinen basteln Schmetterlinge:
Mit Hilfe der Spielleitung schneiden die Kinder den rechten und linken Falz einer Filtertüte knapp ab und klappen dann die Filtertüte auf. Die Spielleitung füllt ein wenig Wasser in einen Teller. Die Kleinen tunken einen Schwamm ins Wasser und befeuchten damit ihre Filtertüte. Dadurch bleibt der Filter besser auf dem Tisch liegen und die Farben können ineinander verlaufen.
Nun malen die Kinder ihren Schmetterling bunt an und lassen ihn trocknen.
Zuletzt wird ein Chenilledraht um die Verbindungsnaht der Filterpapiertütenhälften gewickelt. Die beiden Stränge oben verzwirbeln und die Enden zu Fühlern formen.
In der Nähe eines Fensters kommen die Schmetterlinge schön zur Geltung und die bunten Farben leuchten im Sonnenlicht.

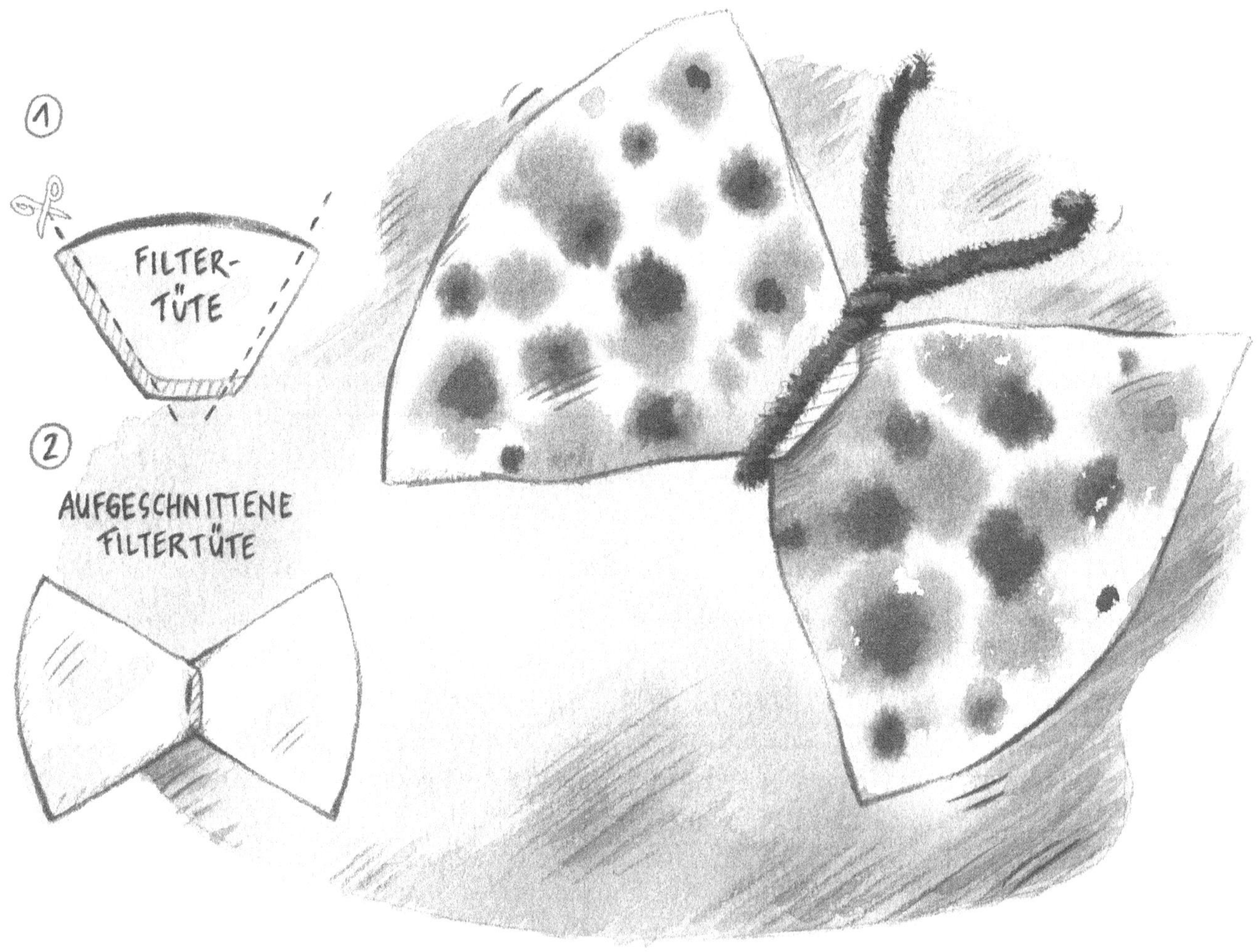

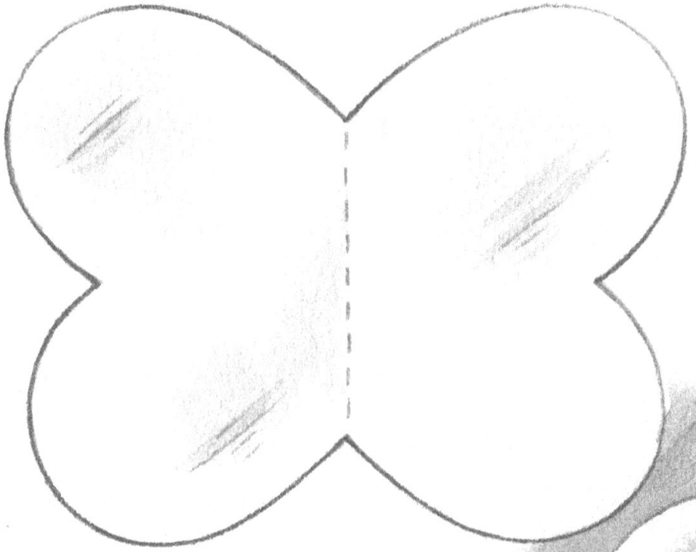

VORLAGE SCHMETTERLING

Schmetterling – Klatschtechnik
(Kreativimpuls)

Alter: ab 2½ Jahren

Material: weißes Tonpapier oder dickes Malpapier, Kinderscheren, Toilettenpapierrollen, Fingerfarben, Kinderpinsel, Klebstoff, Chenilledraht (Pfeifenputzer), Tacker, Faden, Malkittel

Vorbereitung: Die Spielleitung zeichnet die Umrisse von Schmetterlingsflügeln auf Tonpapier auf, passend zum Schmetterlingskörper in der Größe einer Toilettenpapierrolle.

Die Kinder stellen einen Schmetterling her: Die Kinder schneiden die Flügel aus. Bei Bedarf gibt die Spielleitung Hilfestellung.

Klatschtechnik: Die Schmetterlingsflügel zur Hälfte falten. Auf eine Falzseite machen die Kleinen dicke Farbtupfer und drücken das Papier fest zusammen. Wenn sie das Papier nun wieder öffnen, ist ein reizvolles Muster entstanden.

Dann bemalen die Kleinen eine Toilettenpapierrolle mit Fingerfarbe. Auf die getrocknete Rolle kleben sie die Flügel auf.

Mit Hilfe knicken die Kinder einen Chenilledraht (Länge ca. 20 cm) in der Mitte und tackern ihn als Fühler oben in die Papierrolle. Die Enden etwas nach außen biegen.

Zum Aufhängen einen Faden durch die Toilettenpapierrolle ziehen und oben verknoten. Fertig ist der Schmetterling!

Sommer

Der Sommer bringt uns viele warme Tage. Jetzt ist die Zeit, wo die Kinder am meisten draußen sind. Die Tage sind länger hell und das warme Wetter lädt zum Spielen, Toben und Essen im Freien ein.

Streifzüge im Sommer sind Sinneserfahrungen pur, denn die Natur ist ein einziger großer Abenteuerspielplatz. Gibt es etwas Schöneres als barfuß über die Wiesen zu laufen und Löwenzahnsamen in die Luft zu pusten? Die Wiesen halten eine Menge Spielmaterial bereit und es lässt sich darauf herrlich toben. Dort können die unterschiedlichsten Krabbelkäfer beobachtet werden. Hummeln, Schmetterlinge und Bienen fliegen umher und lassen sich auf den bunten Blumen nieder. Der Duft der süßen Früchte im Garten und der vielen Blumen steigt in die Nase. Jetzt werden Erdbeeren, Kirschen und Himbeeren reif und können genascht werden.

Zum Sommer gehört auch das Spielen mit Sand und Wasser. Kinder lieben Sand. Sie graben Löcher, verstecken kleine Dinge darin und buddeln sie wieder aus. Förmchen werden mit Sand gefüllt, Sandkuchen werden gebacken, es wird gebuddelt und geschaufelt und man kann sich Sand durch die Finger rieseln lassen. In Kombination mit Wasser kann man damit prima matschen und etwas bauen. Wasser übt auf Kinder einen ganz besonderen Zauber aus, es verleitet zum Spritzen, Schütten und Matschen. Wie herrlich ist es, Steine in den Bach zu werfen, Fische und Enten zu beobachten oder kleine Schiffchen auf dem Wasser fahren zu lassen.

Riesige Sonnenblumen stehen im Garten und auf dem Feld. Auf den Äckern wird das Getreide reif. Traktoren und Mähdrescher fahren aufs Feld. Schon Kleinkinder begeistern sich für die Tiere, die Arbeit und die Fahrzeuge auf dem Bauernhof. Besonders interessant sind die vielen unterschiedlichen Tiere, die alle anders aussehen, sich anders fortbewegen und andere Geräusche von sich geben.

Marienkäfer

Der kleine Marienkäfer
(Spielgeschichte)

Material: Sonne aus Papier, Wiese (grünes Tuch), Blumen (Papierstreublumen oder in einer Vase), Marienkäfer (Hand- oder Fingerpuppe, bemalte Nussschale), langer Grashalm (grüner Tonkarton)

Vorbereitung: Aus grünem Tonkarton einen langen Grashalm schneiden.

Anleitung: In die Mitte ein grünes Tuch als Wiese ausbreiten und mit Blumen schmücken. Die Spielleitung erzählt den Kindern die Geschichte und lässt sie mit einer Marienkäferfigur lebendig werden. Während des Erzählens lässt sie den Käfer einen Grashalm emporklettern und bewegt ihn passend zum Wind hin und her. Sie animiert die Kinder, als Wind kräftig zu pusten.

Heute ist ein schöner Tag. Die **Sonne** scheint und auf der **Wiese** wachsen bunte **Blumen**. Hört einmal, was krabbelt denn da? Kribbel, krabbel, kribbel, krabbel, kribbel, krabbel. Es ist ein kleines **Käferlein**. Ganz munter hebt es seine schwarzen Beine und läuft über das Gras. Der Käfer ist leuchtend rot und hat viele schwarze Punkte. Es ist ein Marienkäfer.
Der **Marienkäfer** breitet seine Flügel aus und fliegt über die Wiese. „Ist das herrlich, so viele bunte Blumen!", seufzt er zufrieden. Dann setzt er sich ins Gras und klettert an einem langen **Grashalm** hoch. Er klettert und klettert, ganz weit hinauf, so hoch er kann. Jetzt sitzt er ganz oben, wiegt sich im Wind und wärmt sich in der **Sommersonne**. Viel zu lange hat der Winter gedauert, da tun die Sonnenstrahlen gut.
Doch plötzlich pustet der **Wind** *(pusten)* ganz stark. Der **Grashalm** schwankt hin und her und beugt sich dabei stark. Der kleine **Käfer** hält sich mit aller Kraft am Grashalm fest, damit er nicht herunterfällt.
Doch der **Wind** *(stark pusten)* weht so stark, dass der kleine **Käfer** keinen Halt mehr findet und auf die weiche Erde plumpst. Nun liegt der Käfer da, auf seinem Rücken, und zappelt. Zippel, zappel, zippel, zappel. Er zappelt mit seinen kleinen Beinen. „Oh weh, oh weh, wie komm ich wieder in die Höhe?", jammert der kleine Käfer ganz verzweifelt. Er schaukelt hin und schaukelt her und nach langem Zappeln kann er sich endlich drehen und kommt wieder auf die Beine. Der kleine Käfer ist ganz geschafft. Doch er gibt nicht auf, er klettert wieder auf einen Halm und krabbelt nun auf eine schöne **Blume**. Dort ruht er sich ein wenig aus. Und seht, jetzt ist er eingeschlafen, der kleine Käfer.
Dann wacht der **Käfer** wieder auf. Er breitet seine Flügel aus und fliegt fort.

Vertiefung: Draußen können die Kinder ganz gespannt verschiedene Käfer beim Krabbeln beobachten. Vielleicht trauen sich einige auch, einen kleinen Käfer auf ihrer Hand krabbeln zu lassen. Dabei können sie ein leichtes Kitzeln ganz bewusst wahrnehmen und den Käfer von Nahem betrachten.

Ein kleiner Marienkäfer
(Singspiel)

Material: evtl. Marienkäferfingerpuppen

Das Lied können die Kinder mit kleinen Marienkäferfingerpuppen begleiten. Dadurch wird es lebendiger. Fingerpuppen wirken sich besonders positiv auf die Feinmotorik und das Sprachvermögen der Kinder aus.
Mit etwas Aufwand können einfache Fingerpuppen gebastelt werden, die immer wieder zum Einsatz kommen. Hierfür aus Bastelfilz (Stärke 3,5 mm) Streifen in der Breite von ca. 1 cm schneiden und als Fingerringe zusammennähen. Darauf kleine Marienkäfer (Dekostreuteile) kleben.
Die Kinder können auch einen selbst gebastelten Käfer zum Lied krabbeln und fliegen lassen (Bastelanleitung auf Seite 34).

Melodie: Ich bin ein dicker Tanzbär
Ein kleiner Marienkäfer,
der fliegt durch das Land.
Er sucht sich eine Blume, auf der er sitzen kann.
Er hat ein rotes Röckchen an
mit kleinen schwarzen Punkten dran.
Er hat ein rotes Röckchen an
mit kleinen schwarzen Punkten dran.

Ein kleiner Marienkäfer,
der krabbelt durch das Gras.
Er klettert auf die Gräser,
denn das macht ihm viel Spaß.
Er hat ein rotes Röckchen an
mit kleinen schwarzen Punkten dran.
Er hat ein rotes Röckchen an
mit kleinen schwarzen Punkten dran.

Ein kleiner Marienkäfer, der fliegt weit hinaus.
Er liebt am Tag die Sonne,
fliegt abends dann nach Haus.
Er hat ein rotes Röckchen an
mit kleinen schwarzen Punkten dran.
Er hat ein rotes Röckchen an
mit kleinen schwarzen Punkten dran.

Hörst du den Käfer brumm, brumm, brumm
(Fingerspiel)

Material: evtl. Marienkäferfingerpuppen

Die Hand führt als Käfer die Bewegungen dem Text entsprechend aus.
Die Kinder können auch mit einer Fingerpuppe oder einem gebastelten Käfer zum Text spielen.

Hörst du den Käfer brumm, brumm, brumm.
Er fliegt um deinen Kopf herum.
Nun krabbelt er auf deinen Bauch,
denn krabbeln kann der Käfer auch.
Auf deinem Arm krabbelt er munter,
mal rauf und auch mal runter.
Nun kitzelt er an deiner Nas'
und fliegt dann weiter übers Gras.

Marienkäferkrabbeln
(Bewegungsimpulse)

Wenn genügend Materialien (Brett, Kisten, Stühle usw.) vorhanden sind, können unterschiedliche Balancier- und Kletterwege entstehen, über die sich die Kinder krabbelnd bewegen können. Für die Jüngeren ist das Balancieren eine große Herausforderung.

Heute ist es schön warm und die Marienkäfer machen einen Spaziergang. Ganz vergnügt krabbeln sie über Steine und über Ästchen, die auf dem Boden liegen. Mutig und geschickt klettern sie an Grashalmen entlang ganz hoch hinauf und genießen die warmen Sonnenstrahlen. Dann breiten sie ihre Flügel aus und fliegen davon.

Spaziergang über Steine und Ästchen

Material: Reifen, 3 bis 4 Kinderstühle, breites Brett, Turnmatte

Mehrere Reifen werden hintereinander als Steine auf den Boden gelegt. Außerdem werden drei bis vier Kinderstühle so aufgestellt, dass ein Brett auf den Stuhlflächen gut aufliegt. (Alternativ Stühle in einer Reihe dicht aneinander stellen.) Dahinter eine Matte zum Absteigen auslegen.
Die Kinder krabbeln nun als süße Käfer von Reifen zu Reifen, balancieren über den schmalen Weg und steigen auf und ab. Dabei gibt die Spielleitung bei Bedarf Hilfestellung und achtet darauf, dass das Brett nicht wegrutscht.

Kletternde Marienkäfer

Material: stabile Holz- oder Plastikkisten, kleine Kästen, Weichbodenmatte

Zwei bis drei unterschiedlich hohe Kisten und Kästen werden zu einer Treppe aufgebaut. Hinter das höchste Element (Kasten) eine Weichbodenmatte auslegen. Die Kinder klettern und krabbeln nun als Käfer den Weg hoch. Oben angekommen, „fliegen" sie wieder nach unten auf die Matte. Dabei achtet die Spielleitung darauf, dass sich beim Abspringen keine Kinder auf der Matte befinden.

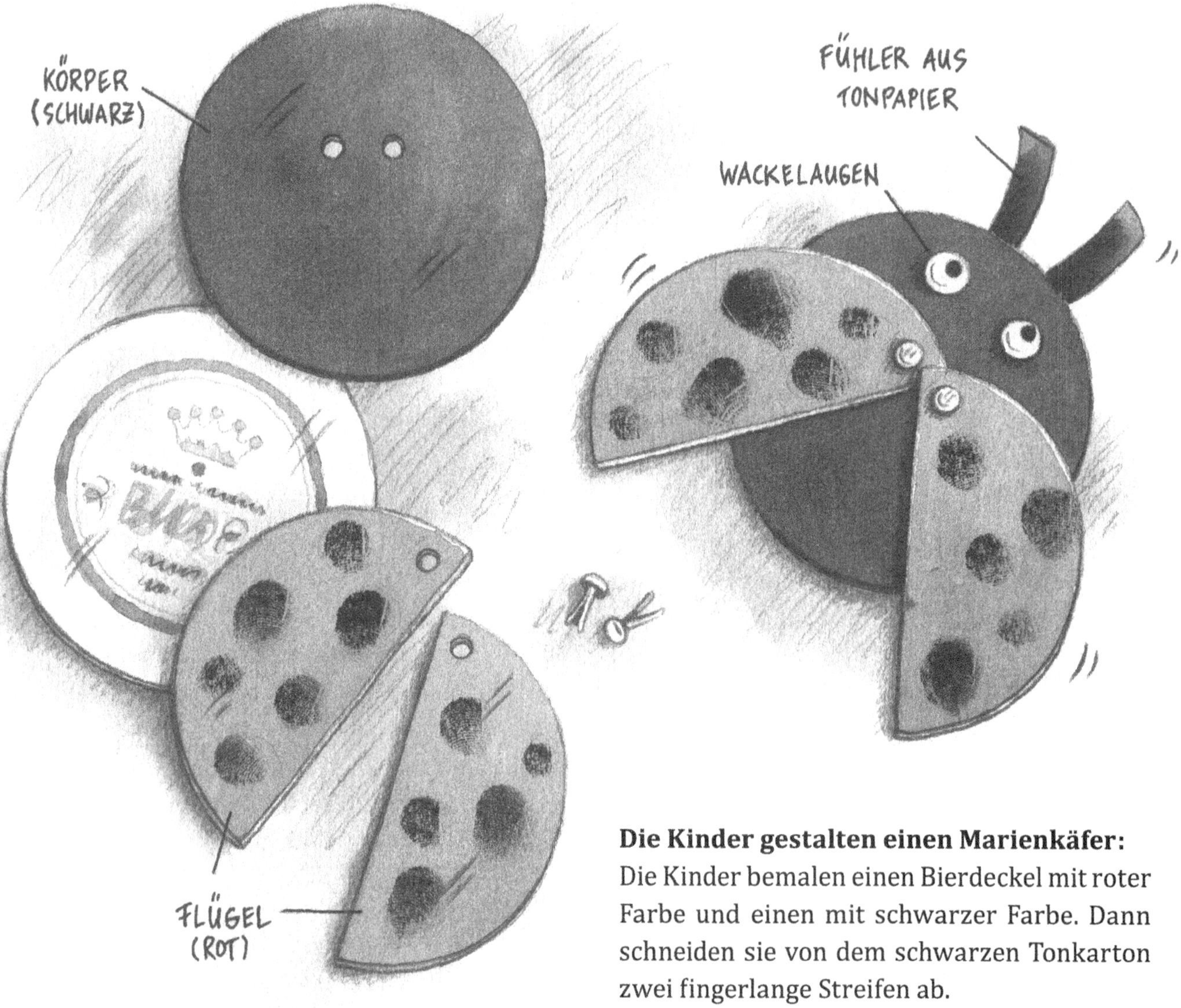

Marienkäfer aus Bierdeckeln
(Kreativimpuls)

Alter: ab 2 Jahren

Material: jeweils zwei runde Bierdeckel, rote und schwarze Fingerfarben, Kinderpinsel, schwarzer Tonkarton, Schere, Wackelaugen, Klebstoff, Rundkopfklammern, Malkittel

Vorbereitung: Schwarze Tonkartonstreifen in der Stärke von ca. 1 cm für die Fühler zuschneiden.

Die Kinder gestalten einen Marienkäfer:
Die Kinder bemalen einen Bierdeckel mit roter Farbe und einen mit schwarzer Farbe. Dann schneiden sie von dem schwarzen Tonkarton zwei fingerlange Streifen ab.
Wenn die rote Farbe getrocknet ist, schneiden die Kleinen den Kreis als Flügel in der Mitte durch. Mit einem Finger drucken sie schwarze Punkte auf die Flügel.
In die getrockneten Teile bohrt die Spielleitung mit einem spitzen Gegenstand Löcher, wie auf der Abbildung zu sehen ist. Die Kinder stecken nun eine Rundkopfklammer zuerst durch einen Flügel und dann durch den Marienkäferkörper und biegen die Klammer hinten auseinander. Dadurch sind die Flügel beweglich und die Kleinen können mit dem Käfer wunderbar spielen. Zum Schluss kleben sie die Wackelaugen und die Fühler auf den schwarzen Bierdeckel.

Bienen

Die kleine Biene Sumsesum
(Spielgeschichte)

Material: Wiese (grünes Tuch), Sonne aus Papier, kleine Biene (Figur oder gebastelt), Blumen (aus Papier oder in der Vase), evtl. Bienenstock (umgedrehter Korb)
Für die Vertiefung: Honig, Löffel in der Anzahl der Kinder

Vorbereitung: Im Vorfeld bietet es sich an, mit den Kindern zu den schönen Sommerwiesen zu laufen. Jetzt gibt es die verschiedensten Blumen in allen Farben zu bestaunen und zu beschnuppern, Margeriten, Klatschmohn, Hahnenfuß, Glockenblumen, Wiesenklee, Kornblumen, Wiesenstorchschnabel und viele andere. Gemeinsam kann die Spielleitung mit den Kindern einen bunten Sommerstrauß pflücken. Auch kleine Insekten, Bienen und Hummeln sind zu beobachten, die sich auf den Blüten und Gräsern tummeln.

Anleitung: Die Spielleitung legt ein grünes Tuch aus, stellt die Blumen darauf und lässt eine kleine Biene zur Geschichte umherfliegen. Als Bienenstock kann ein umgedrehter Korb aufgestellt werden.

Es ist Sommer, die **Sonne** scheint am Himmel. Ihre Strahlen wärmen die Erde. Auf den **Wiesen** wachsen bunte **Blumen** und duften so fein.
Hört einmal, wer summt denn da? Sss, sss, sss. Es ist die kleine **Biene Sumsesum**. Sie wird von dem guten süßen Duft der Blüten angelockt. Sie fliegt über die Wiese und freut sich über die schönen Blumen. Sie summt und brummt, sss, sss, sss.
Sie fliegt von Blume zu Blume, leckt den süßen Nektar und sammelt Blütenpollen. „Mmm, wie fein, wie gut!" Schwer beladen mit Pollen und Nektar fliegt die Biene zurück in den **Bienenstock**.
Aus dem süßen Nektar und den Blütenpollen macht sie uns süßen, leckeren Honig.
Jeden Tag, wenn die Sonne scheint, fliegt die **Biene Sumsesum** mit vielen anderen Bienen den ganzen Sommer über hinaus zu den vielen schönen Blumen und sammelt fleißig Pollen und Nektar. Nur wenn's regnet, bleiben die Bienen zu Hause.

Vertiefung: Die Spielleitung lässt die Kinder an Bienenhonig riechen. Wer möchte, kann davon probieren. Zum Probieren für jedes Kind einen extra Löffel verwenden! Gemeinsam können auch Honigbrote gegessen werden.

Summ, summ, summ
(Bewegungsspiellied)

Material: evtl. Chiffontücher

Spielimpuls: In die Mitte werden Chiffontücher als Blüten verteilt. Als Bienen fliegen die Kinder bei der ersten Strophe um die Blumen (Chiffontücher).
In der zweiten Strophe sucht sich jedes Kind eine Blume aus, beugt den Oberkörper nach unten zum Tuch und trinkt pantomimisch.
Bei der letzten Strophe fliegen die Kinder wieder heim auf ihren Platz.
Die Kinder können auch mit einer gebastelten Biene (Bastelanleitung auf Seite 37) zum Lied spielen, indem sie diese fliegen und aus ihrer Hand Nektar trinken lassen.

Melodie: Summ, summ, summ, Bienchen, summ herum

Summ, summ, summ, Bienchen, summ herum!
Sieh die bunte Blumenwiese,
keine ist so schön wie diese,
Summ, summ, summ, Bienchen, summ herum!

Summ, summ, summ, Bienchen, summ herum!
Such dir viele Blümchen aus,
leck den süßen Nektar raus.
Summ, summ, summ, Bienchen, summ herum!

Summ, summ, summ, Bienchen summ herum!
Füll nun fleißig deine Waben,
dass wir süßen Honig haben.
Summ, summ, summ, Bienchen, summ herum!

Kleine Bienen
(Fingerspiel)

Kleine Bienen machen summ, summ, summ,
machen heut ein laut Gebrumm.
Fliegen aus dem Bienenhaus,
fliegen heute weit hinaus.
(Mit den Armen Flugbewegungen machen.)
Kleine Bienen machen summ, summ, summ,
machen heut ein laut Gebrumm.
Fliegen von Blümlein zu Blümlein,
sammeln fleißig Pollen ein.
(Eine Hand als Blütenkelch halten, mit der anderen Hand eine Biene nachahmen, die herumschwirrt und Pollen sammelt.)
Kleine Bienen machen summ, summ, summ,
machen heut ein laut Gebrumm.
Kleine Bienen fliegen jetzt nach Haus,
morgen fliegen sie wieder raus.
(Mit den Armen Flugbewegungen machen.)

Die Bienen sammeln Blütenpollen
(Bewegungsimpuls)

Material: bunte Reifen, kleine Sandsäckchen oder Bälle, großer Korb, ca. 4 bis 6 Stühle

Die Spielleitung verteilt bunte Reifen als Blumen und Blüten im Raum.
In die Blumen (Reifen) werden kleine Sandsäckchen als Pollen gelegt.
In die Mitte einen Korb als Bienenstock stellen.
Hier werden die Pollen gesammelt.
Direkt um den Korb mehrere Stühle als Bienenstockeingang stellen.

Heute sind wir fleißige Bienen und haben viel zu tun. Wir fliegen über die schöne Blumenwiese zu den bunten Blumen und sammeln Blütenpollen. Diese bringen wir nach Hause in unseren Bienenstock.

Die Kinder fliegen nun als Bienen zu den Blumen (Reifen), sammeln die Pollen (Sandsäckchen) ein, fliegen zurück zum Bienenstock, schlüpfen durch einen Stuhl und legen sie in den Korb.

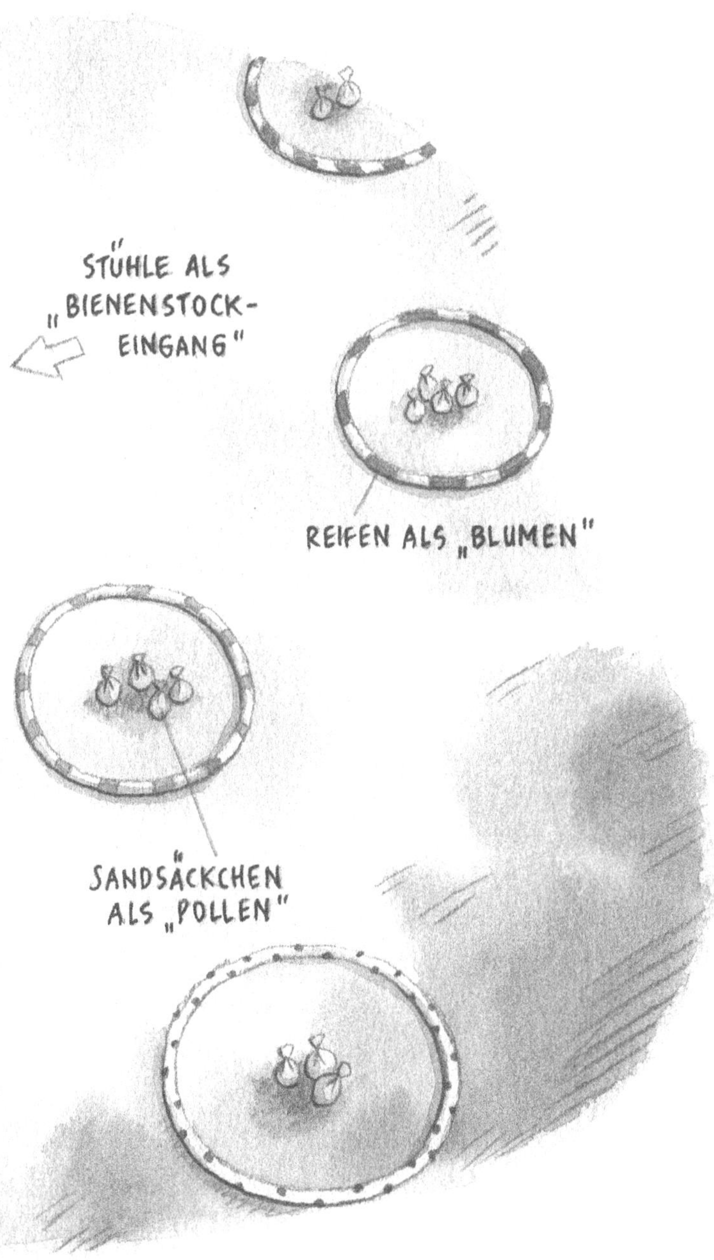

Kleine Bienen aus Chenilledraht
(Kreativimpuls)

Alter: ab 2½ Jahren

Material: gelber und brauner Chenilledraht (Pfeifenputzer), Butterbrotpapier, Schere

Die Kinder basteln kleine Bienen:
Für die Flügel reißen die Kinder einen großen Streifen vom Butterbrotpapier ab und zerreißen ihn in zwei Rechtecke.
Dann schneiden sie je ca. 15 cm vom braunen und gelben Chenilledraht für den Körper ab. Die beiden Chenilledrähte werden nebeneinander gelegt und von einem Ende ausgehend miteinander verdreht. Anfangs benötigen die Kleinen dabei Hilfe.
Ungefähr in der Mitte legen die Kinder die beiden Butterbrotpapierstücke zwischen die noch nicht verdrehten Chenilledrähte und verzwirbeln sie noch ein paar Mal miteinander. Den letzten Drahtabschnitt als Fühler auseinanderbiegen.
Fertig sind die kleinen Bienen, und sie können nun herumschwirren!

Das Leben im und auf dem Wasser

Der See
(Spielgeschichte)

Material: Wiese (grünes Tuch), See (blaues Tuch), Weg (graues oder braunes Tuch), Niko (Handpuppe), kleine Fische (Papier), kleine Enten (Figuren)

Anleitung: Ein grünes Tuch als Landschaft auslegen, darauf mit einem blauem Tuch einen See auslegen und mit einem grauen oder braunen Tuch einen Weg entlang legen.
Die Spielleitung erzählt den Kindern die Geschichte und setzt mit den Gegenständen das Leben im und auf dem Wasser in Szene.

Heute ist ein schöner Tag, die Sonne scheint und es ist sehr heiß. **Niko** geht spazieren. „Hallo, Kinder! Ich bin der Niko und gehe heute zum See."
Niko läuft an den **Wiesen** vorbei, wo das grüne saftige Gras wächst, und kommt zu einem **See**. Er hält seine Hände in das klare Wasser, es fühlt sich angenehm kühl an.
Da, schaut, da sieht **Niko** etwas im Wasser schwimmen. Es sind kleine **Fische**, die im Wasser schwimmen. Niko ist ganz aufgeregt. Die Fische sind orange und leuchten im Wasser. „Das sind ja Goldfische, oh, wie schön!", ruft Niko begeistert. Die Fische schwimmen hin und her und kleine Luftblasen sind zu sehen.
Da, schaut, da sieht **Niko** noch etwas auf dem Wasser schwimmen. Es sind **Enten**, die vergnügt auf dem Wasser schwimmen. Niko ist ganz aufgeregt. Die Enten haben ein Federkleid, einen Schnabel und zwei Flügel. „Da sind ja Enten, oh, wie schön!", ruft Niko begeistert. Die Enten schwimmen ganz dicht an ihm vorbei. Niko schaut den Enten eine ganze Weile zu und setzt sich dabei in die Wiese.

Jetzt macht **Niko** sich wieder auf den Weg nach Hause. Er beschließt: „Morgen werde ich wieder zum See gehen."

Vertiefung: Bei einem Spaziergang zu einem Gewässer können die Kinder Fische und Enten entdecken. Diese Tiere sind immer sehr interessant für kleine Kinder zu beobachten.

Achtung: Da Wasser für Kinder auch immer eine Gefahr darstellt, müssen die Erwachsenen besonders gut achtgeben und die Anzahl der Betreuungspersonen sollte ausreichend groß sein.

Im blauen Wasser
(Singspiel)

Melodie: Hänsel und Gretel
Im blauen Wasser ist jeden Tag was los.
Es schwimmen Fische, die sind klein und groß.
Sie blubbern und sie schwimmen
mal hier und auch mal dort,
und wenn du nicht aufpasst,
dann schwimmen alle fort.
(Die Handflächen aneinanderlegen und als Fische passend zum Text bewegen.)

Auf dem blauen Wasser ist jeden Tag was los.
Es schwimmen Enten, die sind klein und groß.
Sie watscheln und sie schwimmen
mal hier und auch mal dort,
und wenn du nicht aufpasst,
dann schwimmen alle fort.
(Mit den Händen und Armen Schwimmbewegungen machen.)

Am blauen Wasser ist jeden Tag was los.
Es hüpfen Frösche, die sind klein und groß.
Sie quaken und sie hüpfen
mal hier und auch mal dort,
und wenn du nicht aufpasst, dann hüpfen alle fort.
(Mit beiden Händen ein Froschmaul andeuten, die gestreckten Finger auf- und zumachen und die Hände dabei hüpfend bewegen.)

Auf dem blauen Wasser ist jeden Tag was los.
Es fahren Boote, die sind klein und groß.
Sie rudern und sie paddeln,
mal hier und auch mal dort,
und wenn du nicht aufpasst, dann fahren alle fort.
(Paddelbewegungen machen und den Oberkörper leicht hin- und herwiegen.)

Ein Fisch, der schwimmt im großen See
(Fingerspiel)

Ein Fisch, der schwimmt im großen See,
schwimmt in dem Wasser, ihr könnt ihn sehn.
(Die Handflächen aneinanderlegen und als Fisch hin- und herschlängeln.)
Schwimmt tief hinunter und hinauf,
(Die aneinandergelegten Handflächen bewegen sich schlängelnd auf und ab.)
blubb, blubb, blubb – und taucht dann wieder auf.
(Die aneinandergelegten Handflächen hochhalten.)
Er schwimmt mal hier, er schwimmt mal dort,
(Die aneinandergelegten Handflächen hin- und herbewegen.)
blubb, blubb, blubb – und auf einmal ist er fort.
(Die Hände verstecken sich hinter dem Rücken.)

Angelspiel
(kreativer Spielimpuls)

Ein beliebtes Kinderspiel, das ganz nebenbei die Augen-Hand-Koordination und Konzentration der Kleinen fördert.

Alter: ab 2 Jahren

Material: See (große Wanne oder leeres Planschbecken), Angeln (Holzstäbe, Schnüre, 4 cm dicke Holzperlen, Bastelklettverschlüsse mit Hakenseite), Fische aus 3,5 mm starkem Bastelfilz, Schere

Vorbereitung: Die Spielleitung stellt Angeln her. Hierfür ans Ende einer Schnur eine große Holzperle binden. Das andere Ende der Schnur an ein Ende des Holzstabes binden. Damit die Schur sicher hält, den Stab zuvor ein wenig einkerben.
Auf die Holzperle den Bastelklettverschluss kleben.
Aus verschieden farbigem Bastelfilz ca. 8 cm bis 12 cm lange Fische schneiden.

Die Kinder angeln Fische:
Die Kinder halten jeweils eine Angel und versuchen mit der Holzperle einen Fisch im See (Wanne) zu berühren. Wenn der Fisch am Klettverschluss hängen bleibt, befördern ihn die Kinder aus der Wanne heraus. Anschließend nehmen sie den Fisch von der Angel. Mal sehen, wie lange es dauert, bis alle Fische geangelt sind.

Melodie: Alle meine Entchen
Heute wolln wir angeln
am blauen, blauen See,
am blauen, blauen See.
Die vielen bunten Fische,
die können wir dort sehn.

Wir halten unsere Angeln
ganz still ins Wasser rein,
ganz still ins Wasser rein.
Und beißt ein Fischlein an,
kommt's in den Eimer rein.

Fische aus Papptellern
(Kreativimpuls)

Alter: ab 2 Jahren

Material: weiße runde Pappteller, Fingerfarbe, Kinderpinsel, Faltpapier, Scheren, Tacker, Wackelaugen oder Papierschnipsel, Klebstoff, Malkittel

Die Kinder basteln Fische:
Die Kleinen malen die Rückseiten zweier Pappteller mit Fingerfarben bunt an. Während die Farbe trocknet, falten oder schneiden sie aus Faltpapier Dreiecke für die Schwanz-, Rücken- und Bauchflosse. Bei Bedarf hilft die Spielleitung dabei.
Gemeinsam mit den Kindern tackert die Spielleitung die Flossen und den Schwanz zwischen die Pappteller (Rückseite nach außen).
Mit Hilfe schneiden die Kinder ein Dreieck als Maul aus dem Fisch.
Als Auge kleben sie auf jede Seite ein Wackelauge oder ein Papierschnipsel.
Fertig ist der Fisch, der sich zum Spielen und Aufhängen eignet!

Schiffe und Boote fahren auf dem Wasser
(Bewegungsimpulse)

Kleine Kartonboote

Material: Bananenkartons, Seile, Kuscheltiere, evtl. Tisch

Im Vorfeld werden stabile große Bananenkartons gesammelt, die von den Eltern mitgebracht werden können.
Um den Haltegriff jeweils ein Seil fädeln und an beiden Enden zusammenknoten, so dass die Kinder es in der Schlaufe gut greifen können.
Die Kinder ziehen nun ihre Kartonboote im Raum umher. Sie können darin verschiedene Gegenstände (z. B. ihr Lieblingskuscheltier) legen und herumziehen.
Ein Tisch dient als Brücke, durch die die Boote fahren dürfen.
Die Kinder können sich auch gegenseitig ziehen. Ein Kind setzt sich in das Boot (Karton) und wird von zwei bis drei älteren Kindern gezogen.

Melodie: Eine Seefahrt, die ist lustig
Eine Schifffahrt, die ist lustig,
eine Schifffahrt, die ist schön,
denn da kann man was erleben,
so viel schöne Dinge sehn.
|: Schiffchen, fahr, Schiffchen, fahr,
Schiffchen, fahr über das Wasser,
Schiffchen, fahr! :|

Hinweis: Kartons eignen sich hervorragend zum Spielen. Sie können als Türme aufeinander gestapelt werden oder es kann darüber geklettert werden.
Kleine Schachteln werden zu Schatzkisten und aus einem großen Karton kann ein Haus gebaut werden. Dafür werden aus den Seitenteilen des Kartons Türen und Fenster ausgeschnitten und die Kinder können es bunt bemalen. Die Kleinen können Türen zuklappen, durch die Fenster klettern, in den Karton krabbeln und kleine Gegenstände ins Haus befördern.

Großes Mattenschiff

Material: Turnmatte, viele Tennisbälle oder ca. 10 Gymnastikstäbe

Die Matte wird auf die Tennisbälle gelegt, denn so wird sie beweglich und kann als Schiff hin- und herbewegt werden. Als Alternative kann die Matte auf nebeneinander liegende Stäben gelegt werden.
Ein bis drei Kinder legen sich nun auf das Schiff. Alle anderen und die Spielleitung spielen die Wellen und lassen das Schiff leicht hin- und herschaukeln.
Während des Schiffschaukelns kann es passieren, dass Tennisbälle hervorrollen, diese werden dann wieder unter die Matte gelegt.
Danach wird getauscht, so dass jeder mal auf dem Schiff schaukeln darf.

Melodie: Eine Seefahrt, die ist lustig
Auf dem Wasser fährt ein Schifflein,
schaukelt hin und schaukelt her.
Wellen brausen, Wellen schaukeln
und der Wind, der bläst so sehr.
||: Schiffchen, fahr, Schiffchen, fahr,
Schiffchen, fahr über das Wasser,
Schiffchen, fahr! :||

Kleine Boote aus Wahlnussschalen
(Kreativimpuls)

Aus Wahlnussschalen können die Kleinen ganz einfach kleine Boote herstellen. Die Kinder haben einen Riesenspaß daran, sie auf dem Wasser schwimmen zu lassen, und sammeln dabei Erfahrungen mit dem Element Wasser.

Alter: ab 2 Jahren

Material: Wahlnussschalen, Flaschenkorken, Messer, Zahnstocher, Papier, Schere, Buntstifte, Wasserschüssel
Für die Variante: kleine Blätter

Vorbereitung: Von den Korken werden Scheiben abgeschnitten und evtl. etwas zurechtgeschnitzt, so dass sie in die Nussschalen passen.

Die Kinder basteln kleine Boote:
In die Nussschale drücken die Kinder eine Korkscheibe.
Aus dem Papier schneiden sie mit Hilfestellung ein kleines Segel und malen es bunt an. Das Segel mit zwei Löchern versehen und über einen Zahnstocher als Mast ziehen. Damit das Boot nicht gleich umkippt, wird die Spitze des Masts oberhalb des Segels abgebrochen. Den Mast stecken die Kinder in die Korkscheibe.
Fertig ist das kleine Boot und ab damit in die Wasserschüssel!

Variante: Für die Segel können die Kinder auch kleine Blätter suchen.

Auf dem Bauernhof

Das Thema Bauernhof fasziniert schon die Kleinsten. Schon unter Dreijährigen kann erklärt werden, welche Arbeit Bauer und Bäuerin auf dem Hof verrichten, dass sie die Ernte einbringen, mit dem Traktor fahren, die Tiere füttern, Kühe melken etc.

Bauer Karl und der Traktor
(Spielgeschichte)

Material: Bauer Karl (Figur), Traktor (Spielfahrzeug), Hühner, Kühe, Schafe und Hund (Figuren), Weiden (grüne Tücher), Feld (gelbes Tuch, Getreidehalme), Feldweg (graues oder braunes Tuch), Stall (bemalter Schuhkarton)
Für die Vertiefung: Getreide (z. B. Weizen), evtl. Getreidemühle

Vorbereitung: Als Stall kann ein Schuhkarton mit einer großen Türe und Fenstern bemalt werden.

Anleitung: Mit den Tüchern eine Landschaft gestalten. Grüne Tücher als Wiesen und Weiden auslegen. Auf eine Seite den Stall stellen und auf die andere Seite ein gelbes Tuch als Getreidefeld auslegen. Darauf können Getreidehalme gelegt werden. Zwischen Stall und Getreidefeld einen Feldweg mit einem Tuch legen. Die Spielleitung erzählt die Geschichte und lässt sie durch die Figuren lebendig werden.

Das ist **Bauer Karl**. Er ist sehr fleißig und wohnt auf dem Bauernhof. Jeden Morgen, wenn die Sonne aufgeht, geht er nach draußen und füttert seine **Hühner** mit Körnern. Seine **Kühe** und **Schafe** bringt er auf die **Weiden**. Hier finden sie genügend frisches Gras zum Fressen.
Heute scheint die Sonne besonders warm, es ist sehr heiß. **Bauer Karl** möchte heute zu den Feldern fahren und nach seinem Getreide schauen. Er steigt auf seinen **Traktor** und fährt gleich los. Tock, tock, tock - mit viel Geratter fährt der Traktor über die **Feldwege**, vorbei an den schönen Wiesen. Die **Kühe**, die auf der Weide stehen,

muhen vor Freude, „Muh, muh, muh!", als sie den Traktor vorbeifahren sehen. Und auch die **Schafe** begrüßen ihn mit einem lauten „Mäh, mäh, mäh!" Jetzt bleibt der **Traktor** stehen, direkt am **Getreidefeld**. **Bauer Karl** steigt ab und freut sich über sein **Getreide**. Die Halme tragen viele harte Körnchen und das Getreide hat sich goldgelb gefärbt. Nun ist es reif und kann geerntet werden. Gleich morgen, beschließt Bauer Karl, werde ich es dreschen und die Körner mit dem Hänger am Traktor nach Hause fahren.
Fröhlich steigt **Bauer Karl** wieder auf seinen **Traktor** und fährt heim. Tock, tock, tock - mit viel Geratter fährt der Traktor über die Feldwege, vorbei an den schönen Wiesen. Die **Schafe** begrüßen ihn wieder mit lautem „Mäh, mäh, mäh" und auch die **Kühe** rufen ihm wieder zu: „Muh, muh, muh!"
Zu Hause steigt **Bauer Karl** von seinem **Traktor**. Gleich kommt sein **Hund Sam** angesprungen und springt vor Freude an ihm hoch: „Wuff, wuff, wuff!" Bauer Karl streichelt Sam sanft über den Kopf. Er freut sich, ihn zu sehen.
Am Abend bringt **Bauer Karl** seine Tiere, die **Hühner**, die **Kühe** und die **Schafe** wieder in den warmen **Stall**. Müde geht Bauer Karl schlafen und morgen, ja, morgen wird er sein Getreide ernten.

Vertiefung: Die Spielleitung betrachtet mit den Kindern die Getreidehalme. Die Kinder können sie befühlen und sich damit kitzeln. Beim genauen Betrachten entdecken die Kleinen viele kleine harte Körnchen. Es werden ein paar Getreidekörner entfernt, damit die Kinder sie befühlen können. Wer mag, kann eines probieren.
Ist eine Getreidemühle vorhanden, dann kann die Spielleitung mit den Kindern die Körner zu Mehl zermahlen. Die Kleinen werden staunen, wie aus dem harten Korn weiches Mehl geworden ist.

Auf unserm schönen Bauernhof
(Singspiel)

Bei diesem Lied dürfen die Kinder die Tierstimmen nachahmen. Tierstimmen zu imitieren macht den Kleinen viel Freude. Wie ein Hund zu bellen oder wie eine Katze zu miauen, stärkt nebenbei auch die Stimmmuskulatur.

Die Strophen können mit Bewegungen und pantomimisch begleitet werden.

Melodie: Ein kleines graues Eselchen
Auf unserm schönen Bauernhof,
da gibt es eine Kuh.
Die frisst das Gras, gibt uns die Milch
und macht dazu noch muh.
Muh-muh, muh-muh,
muh-muh, muh-muh, muh-muh.

Auf unserm schönen Bauernhof,
da gibt es auch ein Schwein.
Es suhlt den ganzen Tag im Matsch
und findet das noch fein.
Quiek-quiek, quiek-quiek,
quiek-quiek, quiek-quiek, quiek-quiek.

Auf unserm schönen Bauernhof,
da gibt es auch ein Huhn.
Es pickt die Körner, legt ein Ei
und muss danach stets ruhn.
Gock-gock, gock-gock,
gock-gock, gock-gock, gock-gock.

Auf unserm schönen Bauernhof,
da gibt es eine Katze.
Sie springt umher und fängt die Maus
mit ihrer schwarzen Tatze.
Mi-au, mi-au,
mi-au, mi-au, mi-au, mi-au.

Auf unserm schönen Bauernhof,
da gibt es auch ein Schaf.
Es frisst die Kräuter und das Gras
und ist immer brav.
Mäh-mäh, mäh-mäh,
mäh-mäh, mäh-mäh, mäh-mäh.

Auf unserm schönen Bauernhof,
da gibt es einen Hund.
Er hält Wache, passt gut auf,
und das zur jeder Stund.
Wau-wau, wau-wau, wau-wau, wau-wau, wau-wau.

Auf unserm schönen Bauernhof,
da gibt es auch ein Pferd.
Es trabt auf der Wiese und ist
bei Kindern sehr begehrt.
Hüh-hüh, hüh-hüh, hüh-hüh, hüh-hüh, hüh-hüh.

Das Getreide
(Fingerspiel)

Vertiefend zum Fingerspiel bietet es sich an, mit den Kleinen Kuchen oder Brot zu backen. So erfahren die Kinder, wie aus Mehl etwas hergestellt wird.

Der Bauer ist ein fleißiger Mann,
der so viele Dinge kann.
Er sät im Frühjahr Körner aus.
(Pantomimisch mit den Fingern Körner ausstreuen.)
Es spitzen Pflänzchen aus der Erde raus.
(Die Finger beider Hände als Pflänzchen nach oben strecken.)
Durch Sonne und Regen wachsen sie in die Höh
(Mit beiden Händen eine Sonne andeuten, dann die Finger als Regen von oben nach unten bewegen.)
und tragen goldene Körnchen so schön.
(Die Arme als Halme nach oben wachsen lassen und die Finger als Körner spreizen.)
Der Traktor fährt aufs Feld hinaus.
Der Bauer bringt das Korn nach Haus.
(Mit den Händen pantomimisch lenken.)
Zum Müller wird das Korn gebracht
und feines Mehl daraus gemacht.
(Beide Handflächen aneinanderreiben.)
Aus Mehl können wir was backen
wie die Bäcker
und gutes Essen daraus machen, mmmh, lecker!
(Mit den Händen Knetbewegungen machen.)
Spätzle, Nudeln, Brot, Brezeln und Kuchen,
gerne wollen wir die leckeren Dinge versuchen.
(Sich den Bauch reiben.)

Gesunde Brotgesichter
(Sinneserfahrung)

Kinder sind von Natur aus neugierig und probieren gern verschiedene Gemüsesorten aus. Schon in den ersten Jahren kann ein Bewusstsein für gesunde Ernährung geweckt werden. Bei den Kleinen spielt das Vorbild eine große Rolle, deshalb sollte eine gesunde und vielseitige Ernährung den Kindern vorgelebt werden.

Alter: ab 2 Jahren

Zutaten: Vollkornbrot, Butter, Käsescheiben, Gurken, Karotten, Radieschen, kleine Tomaten, Paprika, evtl. Kresse

Material: Kinderschürzen, Kinderbrettchen, kleine Messer, Schälchen

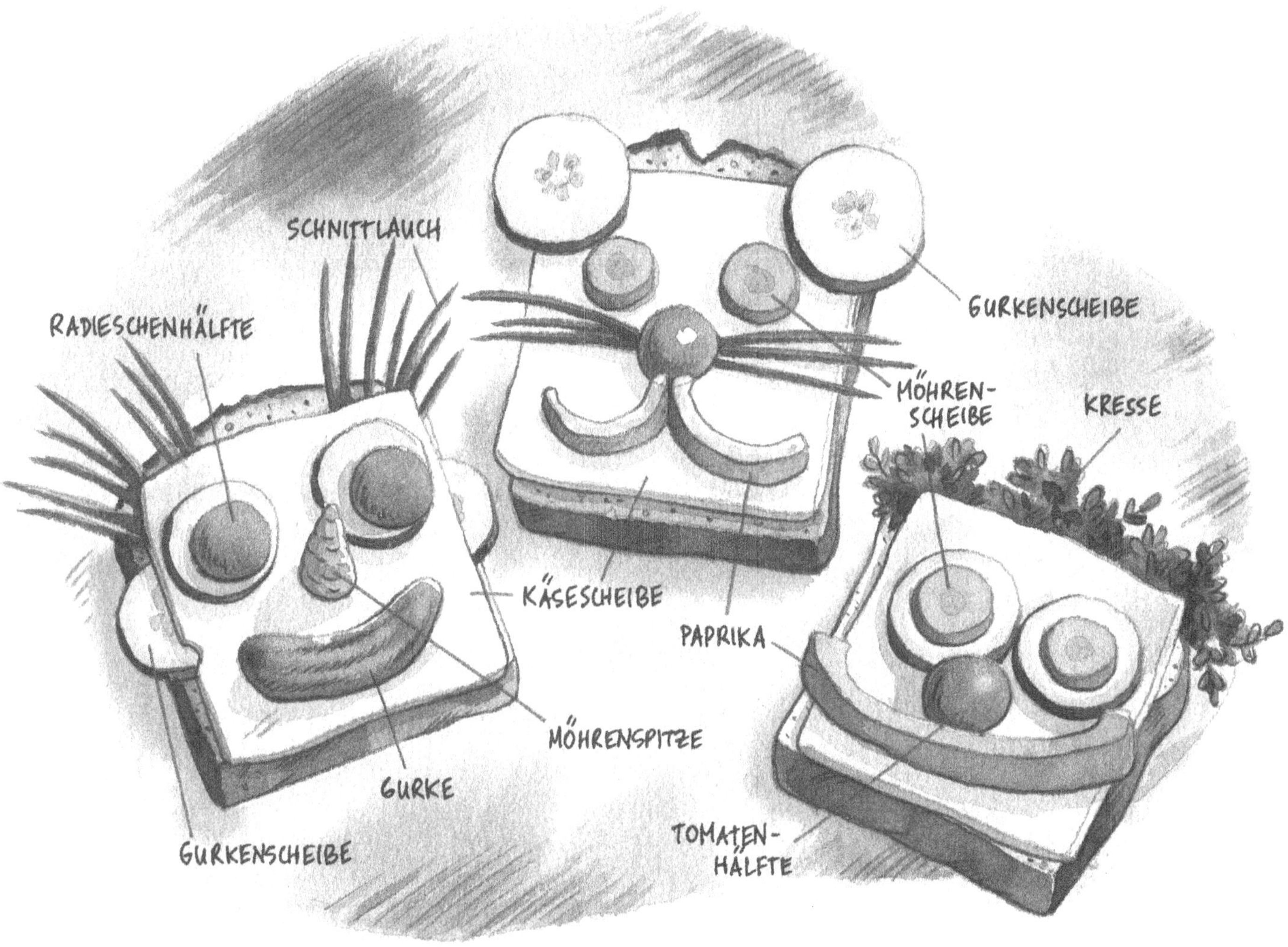

Die Kinder bereiten gesunde Brotgesichter zu:

Die Kinder waschen ihre Hände und das Gemüse.

Gemeinsam betrachtet die Spielleitung mit den Kindern die einzelnen Zutaten und spricht mit ihnen über die Herkunft: Die Karotten wachsen im Garten in der Erde, die Kuh wird gemolken und gibt Milch, daraus wird Butter und Käse gemacht usw.

Die Kinder schneiden die Karotten, Radieschen und Gurken in Scheiben und die Paprikas in Streifen. Die Tomaten werden mit einem Messer halbiert. Dabei gibt die Spielleitung Hilfestellung und bereitet das Gemüse so vor, dass die Kinder es gut schneiden können.

Mit weicher Butter beschmieren die Kleinen die Brote und belegen sie mit einer Käsescheibe. Dann können sie sie mit dem geschnittenen Gemüse beliebig belegen oder ein Gesicht gestalten, z. B. zwei Karottenscheiben als Augen, eine Tomatenhälfte als Nase, ein Paprikastreifen als Mund und ein wenig Kresse als Haare.

Hmmm, selbst gemachte Brote schmecken besonders lecker!

Achtung: Das Arbeiten mit dem Messer muss immer unter Aufsicht stattfinden.

Auf dem Bauernhof
(Bewegungsimpulse)

Die Tiere auf dem Bauernhof sind für alle Kinder faszinierend. Besonders viel Spaß macht es, sich als Tiere zu bewegen.

Pferdchenlauf

Material: Zeitungen

Mehrere zweimal gefaltete Zeitungsblätter werden dachförmig aufgestellt und im Raum verteilt.
Die Kinder springen nun als Pferde umher und steigen oder springen über die Hindernisse (Zeitungsblätter). Dazu kann die Spielleitung ein Lied anstimmen, bei dem die Kinder bald mitsingen werden.

Melodie: Grün, grün, grün sind alle meine Kleider
Hopp, hopp, hopp, die kleinen Pferde springen.
Hopp, hopp, hopp, hopp, immer im Galopp.
Über die Wiese, keine ist so schön wie diese.
Hopp, hopp, hopp, hopp, immer im Galopp.

Hopp, hopp, hopp, die kleinen Pferde springen.
Hopp, hopp, hopp, hopp, immer im Galopp.
Über die Felder, geschwind durch die Wälder.
Hopp, hopp, hopp, hopp, immer im Galopp.

Schweinekuhle

Material: Weichbodenmatte, Kissen, Matten

Eine Weichbodenmatte wird als Schweinekuhle ausgelegt. Darauf werden Kissen verteilt und daneben zur Sicherheit Matten ausgelegt. Die Kinder können sich nun als Schweine über die Kissen auf der Weichbodenmatte hin- und herrollen, wälzen und kugeln – das macht den Kleinen sehr viel Spaß.

Schweine lieben es, in der Erde zu wühlen und sich im Schlamm zu suhlen. Das kühlt sie an heißen Tagen ab und hält sie vor Ungeziefer sauber.

Katzendach

Material: Turnbank (Langbank), große Weichbodenmatte, Matten

Eine große Weichbodenmatte über eine Langbank legen, so dass ein Dach entsteht. An beiden Enden zur Sicherheit Matten auslegen.
Die Kleinen krabbeln nun als Katzen auf das Dach (Weichbodenmatte) und lassen sich auf der anderen Seite herunterkullern oder krabbeln wieder herunter.

Katzen sind richtige Kletterkünstler. Sie können sogar über Dächer krabbeln, sich langsam heranschleichen und toll springen.

Hühnerleiter

Material: 2 Weichbodenmatten, 1 oder 2 Turnbänke (Langbänke), Matten

Zwei Weichbodenmatten werden als Hühnerstall aufeinandergelegt. Eine oder zwei Langbänke auf die obere Weichbodenmatte mit der breiten Fläche nach oben auflegen, so dass eine Schräge entsteht, die zum Hühnerstall führt. Unterhalb des Hühnerstalls Matten zur Absicherung auslegen. Die Bänke können durch Turnseile mit den Trageschlaufen der Weichbodenmatte verbunden und dadurch rutschsicher gemacht werden.
Die Kinder krabbeln nun als Hühner an der Hühnerleiter (Turnbank) entlang in den Hühnerstall (auf die Weichbodenmatten). Oben angekommen, können sie wieder an der anderen Turnbank hinunterrutschen. Die Spielleitung gibt bei Bedarf Hilfestellung.

Abends, wenn es dunkel wird, laufen die Hühner nacheinander an der Hühnerleiter hoch in ihren Hühnerstall. Und morgens laufen die munteren Hühner wieder die Hühnerleiter hinunter ins Freie.

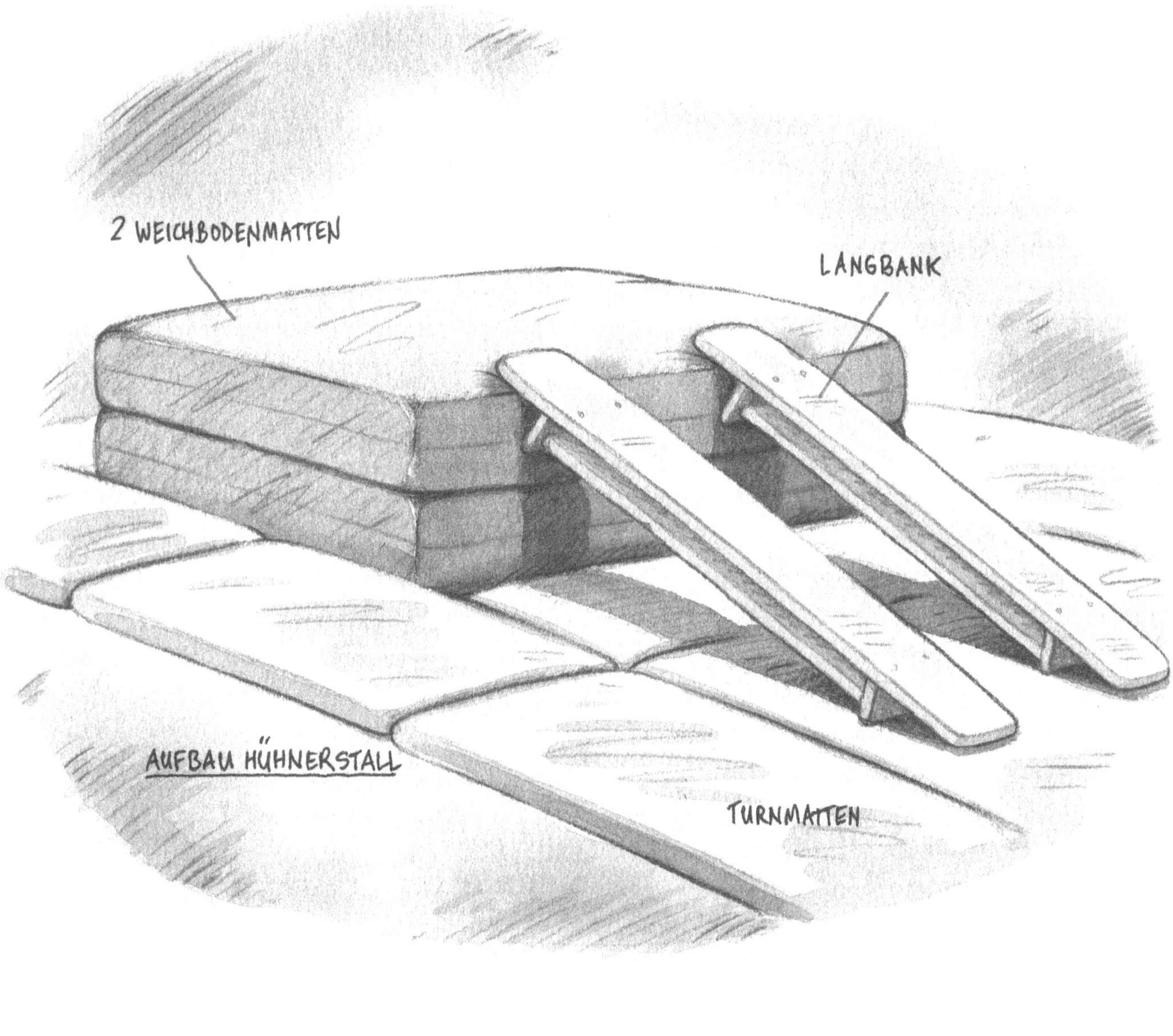

Sonnenblumen

Die Sonnenblume
(Spielgeschichte)

Material: grünes Tuch, Sonnenblume, Schnecke, Käfer, Schmetterling und Vogel (Figuren oder gebastelt)

Vorbereitung: Ganz toll wäre es, wenn die Kinder im Frühling Sonnenblumenkerne aussäen. Die Kinder haben somit einen direkten Bezug zur Geschichte. Sie können sehen, wie die Sonnenblume keimt, können sie gießen und ihr Wachstum beobachten.
Für die Geschichte eignet sich eine Zwergsonnenblume im großen Blumentopf. Alternativ eine Schnittblume in eine große Vase stellen.

Anleitung: Die Spielleitung stellt eine Sonnenblume in die Mitte auf ein grünes Tuch. Die Kinder sitzen im Kreis um das Tuch und hören der Geschichte zu.
Mit den Tieren stellt die Spielleitung die Geschichte dar. Dabei lässt sie die Schnecke über die Füße der Kinder kriechen, den Käfer über die Beine krabbeln, den Schmetterling und den Vogel über die Köpfe der Kleinen fliegen.

In unserem Garten steht eine **Sonnenblume**, groß und wunderschön. Sie hat außen gelbe Blütenblätter und innen ist sie braun.

Seht, da kommt eine **Schnecke** angekrochen, sie kriecht bei uns im Kreis herum. Sie hat die Fühler ausgestreckt und jetzt schon die Blume entdeckt. Die Sonne ist ihr viel zu heiß, drum ruht sie sich nun unter einem Blatt hier aus. „Danke, liebe Sonnenblume, du schenkst mir heute Schatten!"

Auch der **Käfer** kommt herbei, kribbel, krabbel, kribbel, krabbel, kribbel, krabbel. Er krabbelt hoch am Stängel und setzt sich auf ein Blatt. Der Käfer schaut zu uns herunter. „Danke, liebe Sonnenblume, ich hab es bei dir gemütlich auf deinem Blatt!"

Der **Schmetterling** fliegt auch herbei, flatter, flatter, flatter, flatter, flatter, flatter. Er fliegt über die Blätter und Blüten. „Mmm, riecht die Sonnenblume aber fein! Danke, liebe Sonnenblume, für deinen guten Duft!"

Da, seht, da kommt ein **Vöglein** angeflogen und fliegt zur Blume hin. Es hat großen Hunger. „Sonnenblume, Sonnenblume, schenke mir doch bitte ein paar Körnchen."
Und weil das Vöglein Hunger hat, pickt es sich an ihnen satt. „Mmm, danke, liebe Sonnenblume, die Körnchen schmecken mir so gut!"

Vertiefung: Die Spielleitung betrachtet mit den Kindern die Sonnenblume: Welche Farbe hat sie? Wie riecht sie? Sie zeigt und benennt Blütenblätter, Stängel, Blätter und Kelch. Ganz genau zeigt sie den Kleinen die Körner im Kelch. Sie nimmt einige heraus und schält sie. Die größeren Kinder können die Kerne probieren.
Im Winter können die Kleinen bei Schnee die Sonnenblumenkerne den Vögel zum Fressen ausstreuen und im Frühjahr können neue Sonnenblumen daraus gesät werden.

Meine schöne Sonnenblume
(Singspiel)

Melodie: Fuchs, du hast die Gans gestohlen
Meine schöne Sonnenblume wächst in unserm Garten, wächst in unserm Garten.
(Unterarm als Blütenstängel gerade halten, Hand erst geschlossen halten, dann zum Lied öffnen und Finger als Blüte spreizen.)
Außen hat sie gelbe Blätter, innen ist sie braun.
Außen hat sie gelbe Blätter, innen ist sie braun.
(Mit der anderen Hand auf die Finger, dann auf die Handinnenfläche zeigen.)

Meine schöne Sonnenblume wächst in unserm Garten, wächst in unserm Garten.
Wiegt sich langsam mit dem Wind,
leuchtet wie die Sonne.
Wiegt sich langsam mit dem Wind,
leuchtet wie die Sonne.
(Unterarm mit ausgestreckter Hand hin- und herwiegen.)

Meine schöne Sonnenblume wächst in unserm Garten, wächst in unserm Garten.
Kommt ein Vöglein angeflogen,
pickt die braunen Körner.
Kommt ein Vöglein angeflogen,
pickt die braunen Körner.
(Die andere Hand als Schnabel formen und mit Fingerspitzen in die Handinnenfläche der Sonnenblume picken.)

Die Sonnenblume wächst
(Bewegungsimpuls)

Wie eine Sonnenblume wächst, kann schon mit den ganz Kleinen nachgespielt werden. Die Kinder haben dabei sehr viel Spaß und spielen das Wachstum der Blume immer wieder von Neuem.

Material: pro Kind 1 gelbes Chiffontuch, große braune Decke, evtl. Glockenspiel

Jedes Kind erhält als Blüte ein gelbes Chiffontuch. Dieses lässt es zerknäult in seinen Händen verschwinden.

Ein Samenkorn, noch winzig klein,
das schläft hier in der Erde.
(Die Kinder kauern sich ganz klein und eng zusammen. Die Spielleitung deckt sie mit einer braunen Decke als Erde zu. Ihre Köpfe sollten noch herausschauen, damit sie keine Angst bekommen.)
Der Regen fällt in Tropfen
und weckt die Blume auf.
(Die Spielleitung tippelt leicht mit den Fingern auf die Kinderrücken und nimmt die Decke weg. Die Kinder erheben sich. Die Hände halten sie dabei geschlossen, so dass die Blüte noch versteckt ist.)

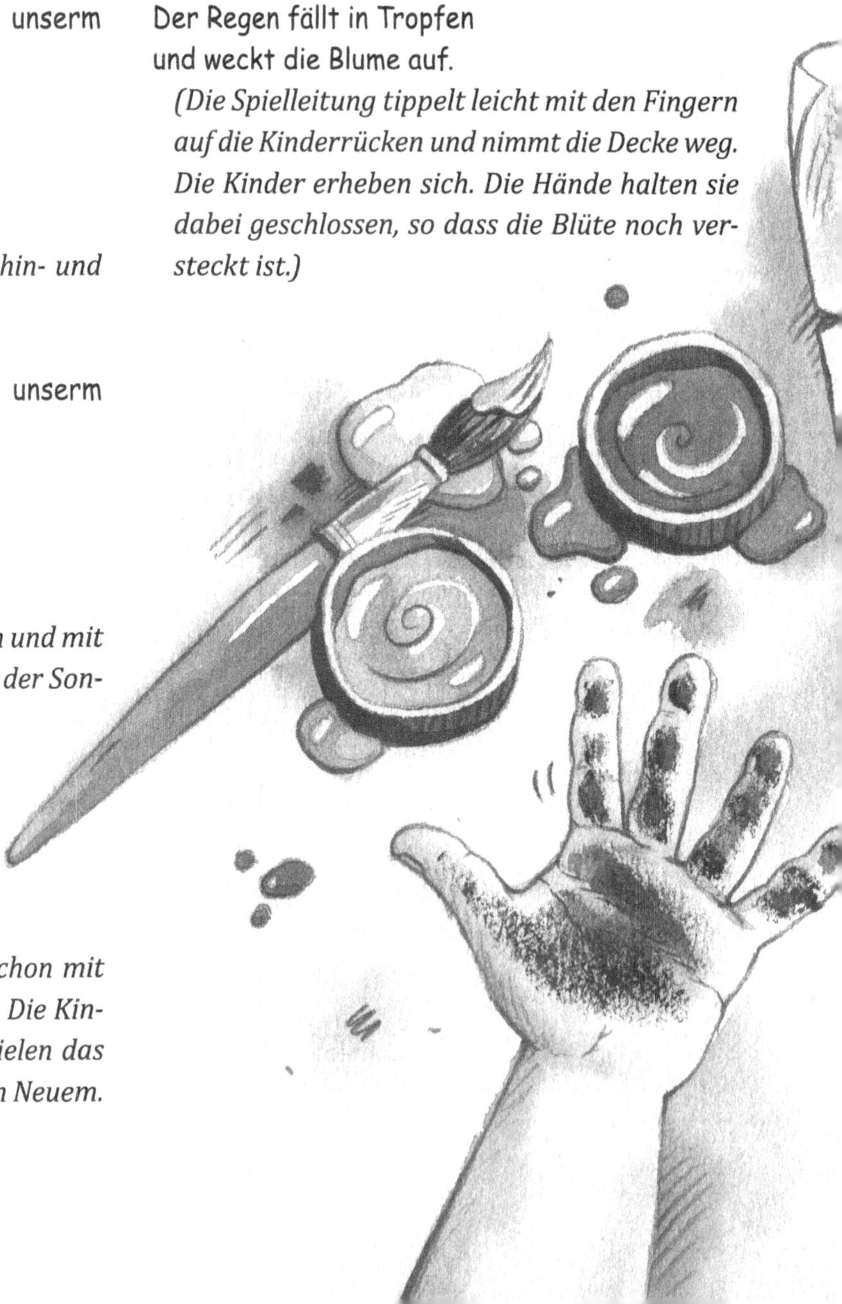

Die Blume reckt und streckt sich,
wächst hoch und schlank hinauf.
(Nun machen sich die Kinder ganz groß und strecken die geschlossenen Hände nach oben.)
Die Sonne kommt und wärmt sie,
da geht die Blüte auf.
(Die Spielleitung streichelt den Kindern über den Rücken. Sie öffnen ihre Hände und zeigen ihre schöne Blüte.)
Da blüht die Sonnenblume,
sie wiegt sich froh im Wind.
Sie leuchtet wie die Sonne,
das freut ein jedes Kind.
(Die Kinder schwenken ihr gelbes Tuch sacht hin und her. Die Spielleitung kann dazu mit einem Glockenspiel spielen.)

Sonnenblumenhändedruck
(Kreativimpuls)

Sonnenblumen sind für die Kinder immer ein schöner Anblick und lassen sich schon mit ihren kleinen Händen drucken.

Alter: ab 1½ Jahren

Material: Malpapier, gelbe, braune und grüne Fingerfarbe, Pinsel, Malkittel

Die Kinder gestalten eine Sonnenblume:
Die Spielleitung bestreicht die Handfläche eines Kindes mit brauner Farbe (Blütenkelch) und die Innenfläche der Finger gelb (Blütenblätter).
Nun wird die Hand so lange rundherum auf das Papier gedrückt, bis die gelben Fingerabdrücke eine kreisrunde Blüte bilden. Dabei sollte die braun gefärbte Handfläche immer auf derselben Stelle bleiben. Wird die Farbintensität schwächer, muss die Spielleitung erneut Farbe auftragen.
Mit grüner Fingerfarbe malen die Kinder zum Schluss mit den Fingern einen grünen Stiel und die Blätter.

Herbst

Im Herbst verändert sich die Natur und bereitet sich auf den Winter vor. Die Blätter werden bunt und fallen von den Bäumen, Baumobst wird reif. Der Wind weht allmählich stärker.

Der Herbst ist eine ganz besondere Jahreszeit, die viel Spielraum für Entdeckungen und Sinneseindrücke bietet. Kinder erleben die Wunder der Verwandlung mit staunenden Augen. Draußen können sie nun ganz viel erleben. Sie spüren den Wind in den Haaren und auf der Haut, seine Kälte, seine Kraft. Sie sind begeistert, wenn die Blätter von den Bäumen fallen und im Herbstwind tanzen. Es raschelt herrlich, wenn man durch das Laub läuft. Blätter werden gesammelt, hochgeworfen und fliegen gelassen. Drachen tanzen im Wind. Der Herbst zeigt sich in all seinen Farben. Gelb, orange, braun und rot gefärbte Blätter, farbenfrohes Obst und Gemüse.

Es macht Spaß, bei der Ernte zu helfen, die guten Früchte zu kosten und sie mit allen Sinnen zu erleben. Besonders interessant ist es, zu sehen, wie der Apfelbaum sich im Laufe eines Jahres verändert hat: Im Winter ist er noch kahl mit unzähligen Knospen. Im Frühjahr ist er mit vielen wunderschönen Blüten übersät. Dann trägt er viele Blätter und Früchte. Zuerst nur ganz kleine, bis sie allmählich über den Sommer bis zum Herbst zu großen, leckeren Äpfeln heranwachsen und reifen. Die Äpfel fallen vom Baum und er verliert sein gelb gefärbtes Laub.

Mit Naturmaterialien wie Blättern und Kastanien kann gespielt, hantiert und gebastelt werden. Sie unterscheiden sich alle in Form, Farbe und Eigenschaften. Die Kürbis- und Laternenzeit rundet den Herbst ab und lässt Kinderaugen leuchten.

Herbstmäuse

Die Mäuse
(Spielgeschichte)

Material: zwei Mäusefiguren (aus Nussschalen oder Steinen), Wiese (grünes Tuch), Feld (braunes Tuch), Wald (kleine Zweige), Haselnüsse, Getreidehalme, Apfel, Mäusehaus (große Steine, etwas Moos und Laub), Schnee (weißes Tuch)

Vorbereitung: Bei einem Herbstspaziergang werden im Vorfeld mit den Kindern die benötigten Naturmaterialien gesammelt.

Anleitung: Die Spielleitung legt eine Mäuselandschaft in die Mitte. Sie legt das grüne und braune Tuch aus. Auf dem braunen Tuch verteilt sie Getreidehalme, auf das grüne Tuch legt sie einen Apfel und daneben die Zweige und die Nüsse. Aus den Steinen wird ein Mäusehaus gelegt, so dass noch genug Platz für das Futter ist. Mit Moos und Laub wird das Haus noch ausgestaltet.
Die Spielleitung erzählt die Geschichte und spielt sie mit den zwei Mäusefiguren vor.
Wenn der Schnee die Felder bedeckt, dann deckt sie die Landschaft mit einem weißen Tuch zu und legt es im Frühling wieder beiseite.

In einem **Mauseloch** bei den **Steinen**, da wohnen zwei kleine Mäuse. Das ist **Emma Maus** und das ist **Frido Maus**. In ihrem Mäusehaus sind die zwei geschützt, wenn es regnet oder schneit. Sie schlafen hier und verstecken hier auch ihr Futter.

Ihr habt es sicher schon gemerkt: Draußen ist es Herbst geworden. Die Blätter haben sich verfärbt und es wird nun schon kälter, auch bei den Mäusen. Jetzt finden die Mäuse überall Futter. Auf den **Feldern** ist das **Getreide** reif, im **Wald** gibt es leckere **Haselnüsse** und auf den **Wiesen** hängen saftige **Äpfel** auf den Bäumen.
Emma Maus und **Frido Maus**, die gehen jetzt im Herbst auf Futtersuche. Sie sammeln ihren Mäusevorrat für den Winter, denn im Winter finden die Mäuse kein Futter mehr und der Winter ist lang. Sie sammeln auf den Feldern **Getreide**, im Wald finden sie **Haselnüsse** und auf den Wiesen liegen reife **Äpfel**, die von den Bäumen gefallen sind.
Emma Maus und **Frido Maus** bringen alles Futter nach Hause. Sie tragen fleißig das Getreide, die Nüsse und die Äpfel in ihr **Mäusehaus**.
Wenn es im Winter dann bitterkalt ist und der **Schnee** die Felder bedeckt, können die Mäuse in ihrem Mäusehaus von ihren Vorräten fressen. Sie freuen sich dann jeden Tag über ihr Essen.
Im **Frühling**, wenn der Schnee geschmolzen ist und der Winter sich verabschiedet, dann kommen **Emma Maus** und **Frido Maus** wieder aus ihrem Mauseloch heraus.

Vertiefung: Die Spielleitung gibt den Kindern im Anschluss genug Zeit, die Materialien genau zu betrachten und damit zu spielen. Ältere Kinder lieben es, die Geschichte immer wieder mit dem Material selbst nachzuspielen.

Zehn kleine Krabbelmäuse
(Singspiel)

Melodie: Zehn kleine Zappelmänner
Zehn kleine Krabbelmäuse
krabbeln auf und nieder,
zehn kleine Krabbelmäuse tun das immer wieder.
(Alle zehn Finger krabbeln auf und nieder.)

Zehn kleine Krabbelmäuse krabbeln hin und her,
zehn kleinen Krabbelmäusen
fällt das gar nicht schwer.
(Alle zehn Finger bewegen sich hin und her.)

Zehn kleine Krabbelmäuse krabbeln rundherum,
zehn kleine Krabbelmäuse,
die sind gar nicht dumm.
(Alle zehn Finger bewegen sich rundherum.)

Zehn kleine Krabbelmäuse suchen ein Versteck,
zehn kleine Krabbelmäuse sind auf einmal weg.
(Die Hände verschwinden hinterm Rücken.)

Melodie: Meine Hände sind verschwunden
Die Mäuse sind verschwunden,
wir sehen keine Mäuse mehr.
(Hände hinter dem Rücken lassen.)
Seht, da sind die Mäuse wieder, tralalala la lala,
seht, da sind die Mäuse wieder, tralalala la lala.
(Alle zehn Finger kommen wieder zum Vorschein. Bei „tralalala la lala" wird geklatscht. Das Singspiel kann jetzt wieder von vorn beginnen.)

Impuls: Die Spielleitung kann die Finger der Kinder in Mäuschen verwandeln: Die Fingernägel bilden die Mäusekörper, auf die mit einem Schminkstift die Augen und die Barthaare gemalt werden. Das Schwänzchen setzt unten am Nagel an und verläuft ein Stück weit auf dem Finger.

Die Mäusekinder
(Bewegungsimpuls)

Material: 2 Langbänke und 2 bis 3 Turnmatten oder 6 Stühle und 1 großes Bettlaken, 1 bis 2 Tische und Decken, viele kleine Sandsäckchen oder andere kleine Gegenstände (Kastanien), Kissen, evtl. 4 große Stühle

Vorbereitung: Zwei Langbänke als Mäusetunnel parallel zueinander aufstellen. Darüber werden die Turnmatten gelegt. Nun werden ein bis zwei Tische als Mäusehöhle mit Decken behängt. Ein Mäusetunnel entsteht auch, wenn mehrere Stühle aneinandergereiht werden und ein großes Tuch darübergelegt wird.
Die Spielleitung verteilt kleine Sandsäckchen im Raum als Futter.
Wenn eine zweite Aufsichtsperson anwesend ist, können große Stühle nebeneinander als Bäume aufgestellt werden. Über die Stuhllehne hängt die Spielleitung Sandsäckchen als Nüsse. Die Kinder müssen hochklettern, um sie zu erhaschen.

Tief unter der Erde haben sich die Mäuse eine Mäusehöhle gebaut. Durch einen schmalen Mäusetunnel müssen sie krabbeln und sich dabei ganz klein machen, um in ihr Mäuseversteck zu gelangen. Dort schlafen die Mäuse und legen sich einen Futtervorrat an.
Wenn es nun Herbst wird, sind das Getreide, die Früchte und die Nüsse reif. Da im Winter das Futter knapp wird, machen sich jetzt schon die Mäuse an die Arbeit, Futter in großer Zahl herbeizuschaffen. Für den langen Winter bringen sie es in ihre Mäusehöhle.

Die Kinder sind nun Mäuse und bringen das Futter in ihre Mäusehöhle. Sie suchen sich ein Sandsäckchen, krabbeln, kriechen oder robben durch den Mäusetunnel und legen es als Vorrat in ihr Mäusehaus.
Wenn alles Futter gesammelt ist, dürfen es sich die Mäusekinder in ihrer Höhle ganz gemütlich machen. Die Spielleitung kann Kissen in die Höhle legen und den Mäusekindern sanft über den Rücken streicheln.
Vielleicht wollen auch alle gemeinsam in der Mäusehöhle ein Mäuselied singen.

Fang die Maus
(Bewegungsspiel)

Material: 30 cm lange Schnüre oder Bänder

Dieses Fangspiel mögen die Kinder besonders gerne.
Die Kinder bekommen Schnurschwänzchen, dessen Ende hinten am Hosen- oder am Rockbund festgesteckt wird.
Die Spielleitung spielt die Katze und muss die Mäuse fangen, indem sie am Schwänzchen zieht, so dass es aus dem Bund rutscht.
Vielleicht möchten nun auch 2 bis 3 der älteren Kinder die Katze spielen und die Mäuse fangen? Dann beginnt das Spiel von vorn.

Steinmäuse
(Kreativimpuls)

Alter: ab 2 Jahren

Material: Kieselsteine, graue oder braune Fingerfarbe, Kinderpinsel, schwarze Wolle, grauer oder brauner Filz, kleine Wackelaugen oder schwarze Locherpunkte, rote Locherpunkte, Klebstoff, Kinderscheren, Malkittel

Vorbereitung: Die Kinder sammeln Kieselsteine, die etwa die Form einer Maus haben. Diese werden gemeinsam mit den Kindern in einer Wasserschüssel gewaschen und trocknen gelassen.
Die Spielleitung schneidet aus dem Filz kleine Halbkreise als Mäuseohren zu.

Die Kinder basteln Mäuse:
Die Kinder bemalen die Steine mit Fingerfarbe. Sind diese trocken, kleben sie Wackelaugen oder schwarze Locherpunkte und die Filzohren auf.
Barthaare und Schwänzchen schneiden sie aus schwarzer Wolle zurecht und kleben diese mit Hilfe der Spielleitung an die Maus.
Als Schnäuzchen kleben die Kinder einen roten Locherpunkt auf die Mitte der Barthaare.

Der Apfel

Der Apfelbaum
(Spielgeschichte)

Material: grünes Tuch, Lego- / Karton-Apfelbaum, Spielfigur Junge, 1 kleiner süßer Apfel (Frucht), 4 verschiedene Papieräpfel (gelber, roter, brauner und grüner Tonkarton, brauner Stift), Wespe oder Biene als Figur oder aus Papier
Für die Vertiefung: mehrere Äpfel, Küchenmesser, Schälchen

Vorbereitung: Auf den Baum aus Legobausteinen oder Tonkarton werden fünf rote Klebepunkte als Äpfel geklebt.
Aus gelbem Tonkarton einen Apfelumriss schneiden und mit dem braunen Holzstift eine faulige Stelle darauf malen.
Einen weiteren Apfel aus dem grünen und zwei Äpfel aus dem roten Tonkarton schneiden.
In den roten Apfel ein Loch hineinschneiden, so dass ein Finger als Wurm durchgesteckt werden kann. Mit einem schwarzen Stift können noch Augen auf den Finger gemalt werden.
Zum Schluss die Papieräpfel mit Stielen und Blättern aus Tonkarton versehen.

Anleitung: Die Spielleitung bringt die Gegenstände an passender Stelle in die Erzählung ein.

Es ist Herbst, und die Äpfel auf den Bäumen sind nun reif geworden. Im Garten, da steht ein großer **Apfelbaum**. Ein **Junge** geht in den Garten und möchte einen Apfel kosten. Er freut sich über die reifen Äpfel und läuft schnell zum Baum. Vorsichtig klettert er am Apfelbaum hoch und hält sich gut an den Zweigen fest. Er schaut sich alle Äpfel genau an und überlegt, welchen er wohl nehmen kann.
Doch gebt gut acht:
Der **erste Apfel**, der ist **faulig**, pfui, pfui, pfui!
(Gelben Apfel zeigen, dabei Gesicht verziehen.)
In dem **zweiten Apfel** wohnt ein **Wurm**,
igittigitt, igittigitt, igittigitt!
(Roten Apfel mit Loch zeigen, den Zeigefinger durchstecken und als Wurm bewegen.)
Der **dritte Apfel** ist **sauer**, brrr, brrr, brrr!
(Grünen Apfel zeigen, dabei Gesicht verziehen.)
Um den **vierten Apfel** saust eine **Wespe**,
sss, sss, sss!
(Roten Apfel hochhalten und die Wespe drumherum fliegen lassen.)
Der **fünfte Apfel**, der ist klein,
aber der **schmeckt fein**!
Den hat der **Junge** gegessen,
mmm, mmm, mmm!
(Kleinen Apfel zeigen und sich den Bauch reiben.)

Vertiefung: Die Kinder schauen sich den Apfel genau an. Sie dürfen ihn fühlen und an ihm riechen.
Die Spielleitung legt noch andere Äpfel dazu. Gemeinsam werden die Äpfel verglichen. Manche sind gelb, grün oder rot, klein oder groß. Sie zeigt den Kindern den Stiel und den Blütenrest auf der Unterseite.
Ein Apfel wird durchgeschnitten und die Kinder können nun die Schale, das Fruchtfleisch, das Kerngehäuse und die Apfelkerne genau betrachten.
Anschließend können sie gemeinsam die Äpfel essen.

Apfelernte
(Bewegungsspiellied)

Hier können die Kinder nicht nur mitsingen, sondern gleichzeitig den Liedinhalt pantomimisch darstellen. Daraus entwickelt sich ein beliebtes Erntespiel.

Material: gelbe und rote Tücher, Körbchen

Melodie: Spannenlanger Hansel, nudeldicke Dirn
In unserm Garten steht ein Baum,
mit vielen Äpfeln dran,
ich warte ja schon lange, dass ich sie ernten kann.
Pflücke ich die großen, pflückest du die klein'.
Wenn das Körbchen voll ist, gehn wir wieder heim.

Spielimpuls: Die Spielleitung spielt einen Apfelbaum. Sie hält die Arme weit von sich gestreckt und geht in die Knie, so dass ihre Arme für die Kleinen gut erreichbar sind. In den Händen hält sie mehrere rote und gelbe Tücher als Äpfel.
Jedes Kind bekommt ein Körbchen und darf nun die Äpfel ernten. Es pflückt die Tücher und legt sie ins Körbchen.
Anschließend werden die Rollen getauscht, indem nun ein Kind den Baum spielt.

Obstsalat
(Sinneserfahrung)

Bei einem Spaziergang können die Kinder verschiedene Obstbäume begutachten. Auf einem nahegelegenen Wochenmarkt oder Bauernhof kann man gemeinsam Obst für einen Obstsalat kaufen (alternativ Obst von zu Hause mitbringen lassen).
Obst ist sehr gesund und bietet viele Möglichkeiten bei der Zubereitung. Gemeinsam betrachten die Kinder das Obst. Es unterscheidet sich in Farbe, Form, Geruch und auch im Geschmack.

Alter: ab 2 Jahren

Zutaten: Obst der Saison vom Wochenmarkt oder Bauernhof (Äpfel, Birnen, Trauben, Pflaumen, Mirabellen, Pfirsiche), etwas Apfelsaft

Material: Kinderschürzen, Schneidebretter, kleine Messer, große Schüssel, Schälchen, Löffel

Die Kinder bereiten einen Obstsalat zu:
Gemeinsam waschen sich die Kinder die Hände und bereiten dann mit der Spielleitung die Früchte vor: Alles Obst wird gut gewaschen.
Die Spielleitung schneidet die Früchte in der Mitte durch und entfernt Kerngehäuse und Kerne. Dabei sollten die Kinder soweit wie möglich mit einbezogen werden. Die Trauben können die Kinder selbst entstielen.
Als nächstes zerkleinern sie das Obst mit einem Messer. Dabei brauchen die Kleinen die Unterstützung der Erwachsenen. Zweijährige sind aber oft auch schon in der Lage, selbst kleine Stücke abzuschneiden.
Die Kinder geben nun die zerkleinerten Früchte in eine große Schüssel, gießen etwas Apfelsaft hinzu und mischen alles gut durch.
Fertig ist der Obstsalat und alle können es sich gemeinsam schmecken lassen!

Achtung: Es muss darauf geachtet werden, dass die Kinder die Messer nur unter Aufsicht eines Erwachsenen verwenden!

Der Obstsalat
(Fingerspiel)

Im Herbst, da sind die Früchte reif.
Kommt, wir machen heut Obstsalat!
Der Erste holt Äpfel aus dem Keller.
(Daumen zeigen und Laufbewegungen machen.)
Der Zweite legt Birnen auf den Teller.
(Zeigefinger zeigen und pantomimisch etwas auf die Hand legen.)
Der Dritte pflückt die Pflaumen am Tag.
(Mittelfinger zeigen und pantomimisch etwas abpflücken, dabei Handgelenk etwas drehen.)
Der Vierte holt Trauben, die er so mag.
(Ringfinger zeigen und sich den Bauch reiben.)
Und der Kleine hier, der macht's ganz fein,
der holt die süßen Beeren heim.
(Kleinen Finger zeigen und Laufbewegungen machen.)
Am Ende legen alle Kinderlein
das Obst zusammen in die Schüssel rein.
(Eine Hand als Schüssel formen und mit der anderen pantomimisch etwas hineinlegen.)

Apfel-Stempeldruck
(Kreativimpuls)

Alter: ab 2 Jahren
Material: gelben Tonkarton, grünes Tonpapier, dünne braune Tonkartonstreifen, Kinderscheren, rote Fingerfarbe, Flaschenkorken, Schraubglasdeckel, Schaumstoff (ca. 5 mm dick), Kleber, dicker brauner Holz- oder Wachsmalstift, Malkittel

Vorbereitung: Aus den Schraubglasdeckeln stellt die Spielleitung Stempelkissen her, indem sie aus dem Schaumstoff Kreise in der Größe der Deckel schneidet. In die Schraubglasdeckel einen Klecks Fingerfarbe füllen, das runde

Schaumstoffkissen darauf legen.
Dann die Farbe mit einem Korken durch mehrmaliges Drucken durch den Schaumstoff pressen.
Auf gelbem Tonkarton zeichnet die Spielleitung Äpfel in der Größe etwa eines Kindertellers auf. Sie bereitet braune Tonkartonstreifen für die Apfelstiele vor und kleine grüne Rechtecke für die Blätter.

Die Kinder gestalten einen Apfel:
Zuerst schneiden die Kinder mit Hilfe der Spielleitung einen Apfel aus.
Anschließend bedrucken sie ihn: Sie drücken einen Korken ins Stempelkissen und drucken die rote Farbe damit auf ihren Apfel.
Für den Stiel schneiden sie ein fingerlanges Stück vom braunen Tonkartonstreifen ab.
Aus dem kleinen grünen Rechteck schneiden die Kinder ein Blatt, indem sie die Ecken spitz abschneiden. Die Jüngsten benötigen dabei Hilfestellung.
Wenn der Apfel getrocknet ist, kleben sie Stiel und Blatt mit Hilfe der Spielleitung auf.
An die Apfelunterseite können sie mit einem braunen Stift noch ein paar kleine Striche als Blütenrest malen.

Hinweis: Die Korken und Stempelkissen zum Schluss auswaschen und wiederverwenden.
Im Freispiel kann den Kindern immer wieder ohne großen Aufwand angeboten werden, auf Papier beliebig mit verschiedenen Farben zu stempeln.
Für jede Farbe sollten sie einen anderen Korken verwenden, so dass die Stempelkissen nicht durch andere Farben verunreinigt werden.
Die Kleinen werden viel Freude beim Stempeln haben!

Herbstblätter

Tiere im Herbstwald
(Spielgeschichte)

Material: Baum (brauner Karton, Klebstoff, Holzwürfel), bunte Herbstblätter, grünes Tuch, Eicheln, Bucheckern, Bär, Igel, Mäuse, Eichhörnchen und kleiner Vogel (Spielfiguren / Plüsch- / Papiertiere), Nest, Mond aus Papier, verschiedene Orffinstrumente (Trommel, Rasseln, Klanghölzer, Holzblocktrommel, Glockenspiel)

Vorbereitung: Im Vorfeld sammeln die Kinder viele bunte Herbstblätter. Aus braunem Karton einen großen entlaubten Baum schneiden und mit Klebstoff an einen Holzwürfel kleben, so dass er stehen bleibt. Dann werden einige Herbstblätter auf den Baum geklebt. Ein kleines Nest aus Stroh, Gras oder Heu binden und in die Baumkrone kleben.

Anleitung: Die Spielleitung legt ein grünes Tuch in die Mitte. Darauf stellt sie den Baum und verteilt die Blätter, Eicheln und Bucheckern auf dem Tuch. Die vorkommenden Tierfiguren hält sie versteckt (z. B. unter einem zweiten Tuch) bereit.
Die Kinder sitzen im Kreis um das grüne Tuch und die Spielleitung lädt sie zu einer Herbstgeschichte ein. Sie erzählt den Kindern die Geschichte und spielt sie ihnen mit den Tieren anschaulich vor.
Mit verschiedenen Orffinstrumenten kann sie noch zusätzlich die Geräusche der Tiere verklanglichen und somit Spannung erzeugen.

Es ist **Herbst**. Die Bäume bekommen bunte **Blätter** - rot, gelb, orange und braun. Der **Wind** weht und lässt die Blätter von den Bäumen fallen. *(pusten)*

Hört einmal, wer kommt denn da?
Tipp, tapp, tipp, tapp. *(Trommel)*
Es ist der braune **Bär**.
„Hallo Kinder, ich bin's, der Bär!"
Er tappt im Wald umher und wirft die Blätter hoch. „Toll", ruft der braune Bär, „das macht Spaß!" Danach läuft der Bär zum Baum und setzt sich gemütlich hin.

Hört einmal, was raschelt da im Blätterhaufen? *(Rassel)*
Es ist ein kleiner **Igel**.
„Hallo Kinder, ich bin's, der kleine Igel!"
Er hat sich unter den Blättern ein kleines Haus gebaut, dort hat er es warm und gemütlich. Der Igel tappt zum Bär und setzt sich zu ihm hin.

Hört einmal, was ist denn das? *(Klanghölzer)*
Piep, piep, piep.
Es sind **zwei Mäuse** klitzeklein.
„Hallo Kinder, wir sind's, die Mäuse!"
Die Mäuse suchen in den Blättern nach Eicheln und Bucheckern zum Fressen.
„Mmm, schmecken die aber fein!"

Hört einmal, wer hüpft denn da? *(Holzblocktrommel)*
Es ist ein **Eichhörnchen** mit seinem buschigen Schwanz.
„Hallo Kinder, ich bin's, das Eichhörnchen!"
Es hüpft von Ast zu Ast und knabbert an den Eicheln.

Hört einmal, wer singt denn da? *(Glockenspiel)*
Es ist ein kleiner **Vogel**.
„Hallo Kinder, ich bin's, der kleine Vogel!"
Er fliegt zu den Tieren und setzt sich auf den Baum.

Die Tiere freuen sich,
denn der Herbst ist so schön.
Der **Wind** weht sanft *(pusten)*
und lässt die **Blätter** tanzen.

Der **Mond** erscheint am Himmel.
Bald wird es dunkel. Die Tiere werden müde.
Der **Bär** tappt nach Hause. *(Trommel)*
Der **Igel** läuft in sein Blätterhaus. *(Rassel)*
Die **Mäuse** krabbeln ins Erdloch. *(Klanghölzer)*
Das **Eichhörnchen** klettert wieder auf den Baum,
denn hier ist es zu Haus. *(Holzblocktrommel)*
Und der kleine **Vogel** fliegt in sein Nest. *(Glockenspiel)*

Vertiefung: Die Kinder nehmen sich ein Blatt, riechen daran, bestaunen die Farbe, streicheln sich mit dem Blatt übers Gesicht, fühlen es und finden eigene Spielmöglichkeiten.

Die Spielleitung kann mit den Kindern die Waldtiere nachspielen. Der Bär läuft mit großen schweren Schritten, das Eichhörnchen hüpft, die Mäuse und der Igel krabbeln umher. Der Igel rollt sich ein und der Vogel flattert mit seinen Flügeln.

Mit den Orffinstrumenten können die Kinder experimentieren und verschiedene Spielweisen finden, z. B. über die Trommel mit den Fingern tippen oder wischen, mit der ganzen Handfläche darauf klopfen, die Instrumente leise und laut spielen.

Blätterlied
(Singspiel)

Material: zwei große Blätter pro Kind

Melodie: Alle Leut'
(Die Kinder spielen einen Baum und halten in jeder Hand ein großes Blatt.)
Viele Blätter, viele Blätter hängen am Baum
Rote Blätter, gelbe Blätter,
orange Blätter, braune Blätter.
Viele Blätter, viele Blätter hängen am Baum.

(gesprochen:)
Der Herbstwind, der braust! Huuu!
Der Herbstwind, der saust! Huuu!
(Es wird kräftig gepustet.)
Schaut, wie er die Blätter rüttelt!
Schaut, wie er die Blätter schüttelt!
(Die Kinder schütteln kräftig ihre Blätter.)

Viele Blätter, viele Blätter fallen vom Baum
Rote Blätter, gelbe Blätter, orange Blätter, braune Blätter.
Viele Blätter, viele Blätter fallen vom Baum.
(Die Kinder lassen ihre Blätter zum Boden fallen.)

Bewegungsimpulse mit Blättern, Kastanien, Eicheln und Zapfen

Spaziergang durch die Blätter

Material: viele, viele trockene Herbstblätter

Die Kinder verteilen mit der Spielleitung alle gesammelten Blätter im Raum und verzaubern ihn in eine Herbstlandschaft.

Langsam fällt jetzt Blatt für Blatt
von den bunten Bäumen ab.
Jeder Weg ist dicht besät
und es raschelt, wenn man geht.

Die Kleinen laufen und krabbeln mit der Spielleitung durch die Blätter und wirbeln diese auf. Sie werfen das Laub hoch und lassen es Blätter regnen.
Die Zweijährigen versuchen, ein Blatt in die Luft zu werfen oder es von der Hand zu pusten und wieder aufzufangen, bevor es auf den Boden fällt.
Sie können die Blätter spüren, riechen und ihre unterschiedlichen Formen, Farben und Strukturen wahrnehmen.

Hinweis: Wenn die Kinder nackte Füße haben, können sie mit den Blättern neue Erfahrungen sammeln. Die Sinneseindrücke sind somit viel größer.

Blätterbad

Material: viele, viele Herbstblätter, Planschbecken oder große Decke

Alle helfen zusammen und türmen die Herbstblätter zu einem großen Haufen auf eine Decke oder in ein Planschbecken.
Die Kinder genießen es, sich in die Blätter zu legen, sich darin zu wälzen und sich gegenseitig mit Blättern zuzudecken.

Suchspiel mit Kastanien, Eicheln und Zapfen

Material: Blätterhaufen, Kastanien, Eicheln, Zapfen, kleine Eimer

Die Kinder verstecken Kastanien, Eicheln und Zapfen im Blätterhaufen.

Unsere Hände können fühlen,
in dem Blätterhaufen wühlen.
Und wir sind jetzt mal gespannt,
was wir finden hier im Blätterland.
Ist es hart? Ist es braun?
Ist es rau? Oder rund? - Mal schaun.

Jetzt heißt es, mit den Händen wühlen und die Naturmaterialien wieder heraussuchen. In kleinen Eimern können sie gesammelt werden.

Achtung: Nur unter Aufsicht spielen! Kleine Kinder nehmen gerne alles in den Mund. Bei Eicheln und kleinen Kastanien besteht Verschluckungsgefahr.

Kastanienrutsche

Kinder lieben Kastanien – die glänzen so schön, fühlen sich herrlich an und lassen sich prima kugeln. Wenn sie die Kastanien unter ihren nackten Füßen hin- und herrollen lassen, können sie die Unebenheiten spüren.

Material: viele Kastanien, Plakatröhren, große Stühle, Kreppklebeband
Für die Variante: standfester Tisch, zwei Stühle, Matten

Alle zusammen bauen eine Kastanienrutschbahn. Die Spielleitung klebt dafür mit Kreppklebeband Plakatröhren an den Rand eines großen standfesten Stuhles. Die Kinder stecken nun die Kastanien in die Rollbahn und beobachten, wie sie unten herauskullern.

Mit Kastanien lasst uns spielen,
mit dem kleinen braunen Ball.
Lasst sie kugeln, lasst sie rollen
und bald sind sie überall.

Variante ab 2 Jahren: Für die etwas älteren Kinder können höhere Rollbahnen gebaut werden. Dazu werden jeweils zwei Plakatröhren zusammengesteckt, mit Kreppklebeband fixiert und an einem Tisch befestigt. Vor den Tisch zwei Stühle stellen. Der Kletterberg wird mit Matten gut abgesichert und ein Erwachsener gibt Hilfestellung.
Die Kinder klettern nun am Stuhl hoch, steigen dann auf den Tisch und lassen von dort ihre Kastanien rollen.

Hinweis: Die Kastanien werden zum Schluss in einer großen Schüssel gesammelt. Gibt man den Kindern noch Becher, Eimer und Sandschaufeln, werden sie begeistert damit weiterspielen.

Blätterwurm
(Kreativimpuls)

Alter: ab 1½ Jahren

Material: Herbstblätter, Chenilledraht (Pfeifenputzer), Tonkarton, roter dicker Holz- oder Wachsmalstift, Wackelaugen, Perle (ca. 8 mm Durchmesser), Klebstoff, Schere

Vorbereitung: Es werden Kreise im Durchmesser von ca. 7 cm (Tasse) auf Tonkarton aufgemalt. In die Mitte jedes Kreises wird vorab ein Loch mit einer Nadel gestochen.

Die Kinder stellen einen Blätterwurm her:
Mit Hilfe der Spielleitung schneiden die Kinder einen Kreis als Kopf aus. Darauf kleben sie Wackelaugen auf und malen mit einem roten Stift einen Mund.
Wenn die Kleinen es schaffen, stecken sie den Draht durch das Loch, fädeln eine Perle als Nase auf und biegen den Draht vorne um, ansonsten übernimmt die Spielleitung diese Aufgabe.
Auf den Chenilledraht stecken die Kinder nun viele Herbstblätter. Dies kann draußen oder drinnen geschehen.
Am Ende wird der Draht etwas umgebogen, so dass die Blätter nicht mehr herausrutschen können. Fertig ist der Blätterwurm!

Blätter- und Kastanienmännchen
(Kreativimpuls)

Alter: ab 2½ Jahren

Material: Herbstblätter, Chenilledraht (Pfeifenputzer), Wattekugel (Durchmesser ca. 4 cm) mit Loch, hautfarbige Fingerfarbe, Kinderpinseln, Eichelhütchen als Nase, Wackelaugen, roter Stift, Klebstoff, Kastanien, Handbohrer, Malkittel

Vorbereitung: Mit einem Handbohrer Löcher in die Kastanien bohren.

Die Kinder basteln ein Blättermännchen:
Die Kinder bemalen mit Fingerfarbe eine Wattekugel und lassen sie trocknen.

Die schon vorgebohrten Kastanien (ca. 10 Stück) fädeln sie auf einen Chenilledraht auf und biegen die Enden zum Fixieren um.
Nun stecken die Kinder einen zweiten Chenilledraht durch den Wattekugelkopf und lassen ihn oben ein Stück herausschauen.
Als Haare stecken sie einige Blätter oben auf den Draht und biegen dann das Ende um, so dass die Blätter nicht mehr herausrutschen können.
Unterhalb des Kopfes werden ebenfalls viele Blätter als Bauch auf den Draht gesteckt, zum Befestigen das Ende ebenfalls umbiegen.
Die Spielleitung befestigt die Kastanienkette unterhalb des Kopfes als Arme, indem sie den Draht einmal um den Hals legt und verdreht.
Mit Hilfestellung kleben die Kinder zwei Wackelaugen und ein Eichelhütchen als Nase an den Kopf und verpassen dem Männchen mit einem roten Stift noch einen Mund.

Herbstwind

Emma und der Wind
(Spielgeschichte)

Material: Emma (Handpuppe, evtl. Gretel vom Kaspertheater), Wiese und Feld (grünes Tuch), Herbstblätter, Wind (weißes Chiffontuch), Regen (blaues Chiffontuch), kleines Windrädchen, kleiner Papierdrachen
Für die Vertiefung: Windrad, geeigneter Drache zum Steigenlassen

Vorbereitung: Für die Geschichte kann aus Papier ein kleiner Drachen und ein kleines Windrad gebastelt werden.

Anleitung: Die Spielleitung legt ein grünes Tuch in die Mitte und verteilt darauf etwas Herbstlaub. Sie erzählt den Kindern die Geschichte und stellt sie bildhaft dar.
Mit einem weißen Chiffontuch spielt sie den Wind und bläst dabei den Kindern ins Gesicht. Sie hebt mit der Handpuppe das Windrad und pustet es mit den Kindern zusammen an. Mit der Handpuppe hält sie auch die Drachenschnur, während sie den Drachen mit der anderen Hand über die Kinder hinwegschweben lässt. Am Schluss wird das blaue Chiffontuch als Regen eingesetzt.

Es ist Herbst, die Sonne scheint am Himmel. Der **Wind** bläst sanft über die **Wiesen** und Bäume. Die bunten **Blätter** tanzen im Wind.
Das ist **Emma**, sie ist noch so klein wie du. „Hallo, Kinder, ich bin die kleine Emma!"
Heute möchte sie nach draußen gehen und sich die bunte Herbstwelt ansehen. Sie freut sich, das könnt ihr sehen, wenn sie durch die bunten Blätter geht. Die Blätter rascheln und knistern so schön und sind herrlich anzusehen. Der **Wind** bläst Emma ins Gesicht, doch das stört das Mädchen nicht. Sie hat ein **Windrad** in der Hand. Es steht erst ganz still und dreht sich nicht, doch wenn Emma es in den **Wind** hält, dann dreht es sich geschwind. Emma steckt es in den Garten, dort kann es sich im Winde drehen und alle können es sehen.
Dann geht **Emma** wieder heim und holt ihren **Drachen**. Sie hat ihn mit Mama gebastelt. Er hat ein Gesicht und ein Band mit vielen bunten Schleifen. Er ist wunderschön geworden.
Jetzt zeigt Emma euch ihren Drachen, seht, sie geht aufs **Feld** und lässt ihn steigen.
Emma hält den Drachen ganz fest an seiner Schnur und der Drache fliegt hoch oben über das Land. Er lässt sich leicht vom Winde treiben, dort oben am Himmel, da könnt ihr ihn sehen.
Die Schleifen flattern im Wind, das gefällt der kleinen Emma und sie freut sich sehr.
Plötzlich zieht ein Sturm auf. Der **Wind** weht immer heftiger. Stark bläst er Emma ins Gesicht und es beginnt zu **tröpfeln**.
Emma nimmt schnell ihren Drachen und geht wieder heim, ins warme Haus hinein.

Vertiefung: Die Kinder gehen mit der Spielleitung gut angezogen ins Freie, denn wo sonst können sie den Wind besser spüren und erleben als draußen?

Gemeinsam beobachten sie, wie sich ein Windrad im Wind dreht. Die Kinder können dafür einen geeigneten Platz im Garten oder Hof suchen. Toll wäre es, wenn man es von drinnen vom Fenster aus sehen kann.
Vielleicht ergibt sich auch die Gelegenheit, auf einer abgelegenen Wiese mit den Kindern Drachen steigen zu lassen und dabei den Wind hautnah zu erleben.

Drachenlied
(Singspiel)

Material: bunte Chiffontücher

Melodie: Grün, grün, grün sind alle meine Kleider
Flieg, flieg, flieg, mein lieber Drache, fliege.
Fliege, fliege, fliege hoch hinauf.
Steig nun im Winde hinauf ganz geschwinde,
weil du ja mein lieber Drache bist.

Flieg, flieg, flieg, mein lieber Drache, fliege.
Fliege, fliege, fliege hoch hinauf.
Tanz in der Ferne, dich hab ich gerne,
weil du ja mein lieber Drache bist.

Flieg, flieg, flieg, mein lieber Drache, fliege.
Fliege, fliege, fliege hoch hinauf.
Grüß mir die Wolken, grüß mir die Schwalben,
weil du ja mein lieber Drache bist.

Spielimpuls: Die Kinder bekommen bunte Chiffontücher als Drachen.
Während des Singens schwingen sie ihre Tücher in der Luft auf und ab, hin und her. Dadurch wird das Lied lebendiger und die Kleinen können sich körperlich betätigen.
Als Alternative können die Kinder das Lied auch mit einem selbst gebastelten Windspiel begleiten (Bastelanleitung auf Seite 68).

Herbstwind
(Bewegungsimpulse)

Die Windmacher

Material: großes Betttuch, viele Herbstblätter

Auf ein großes Betttuch legen die Kinder mit der Spielleitung viele Herbstblätter. Das Tuch wird nun von allen Kindern und ein oder zwei Erwachsenen am Rand festgehalten. Die Erwachsenen knien sich dabei hin.
Langsam bewegen nun alle das Tuch, so dass sie gemeinsam Wind erzeugen. Während die Kinder dem Blätterwirbel zusehen, können sie den Vers dazu sprechen:

Bunte Blätter fallen vom Baum,
schweben sacht, man hört es kaum.
Plötzlich trägt der Wind sie fort,
wirbelt sie von Ort zu Ort.
Wie sie flattern, wie sie fliegen,
sinken - und am Boden liegen.

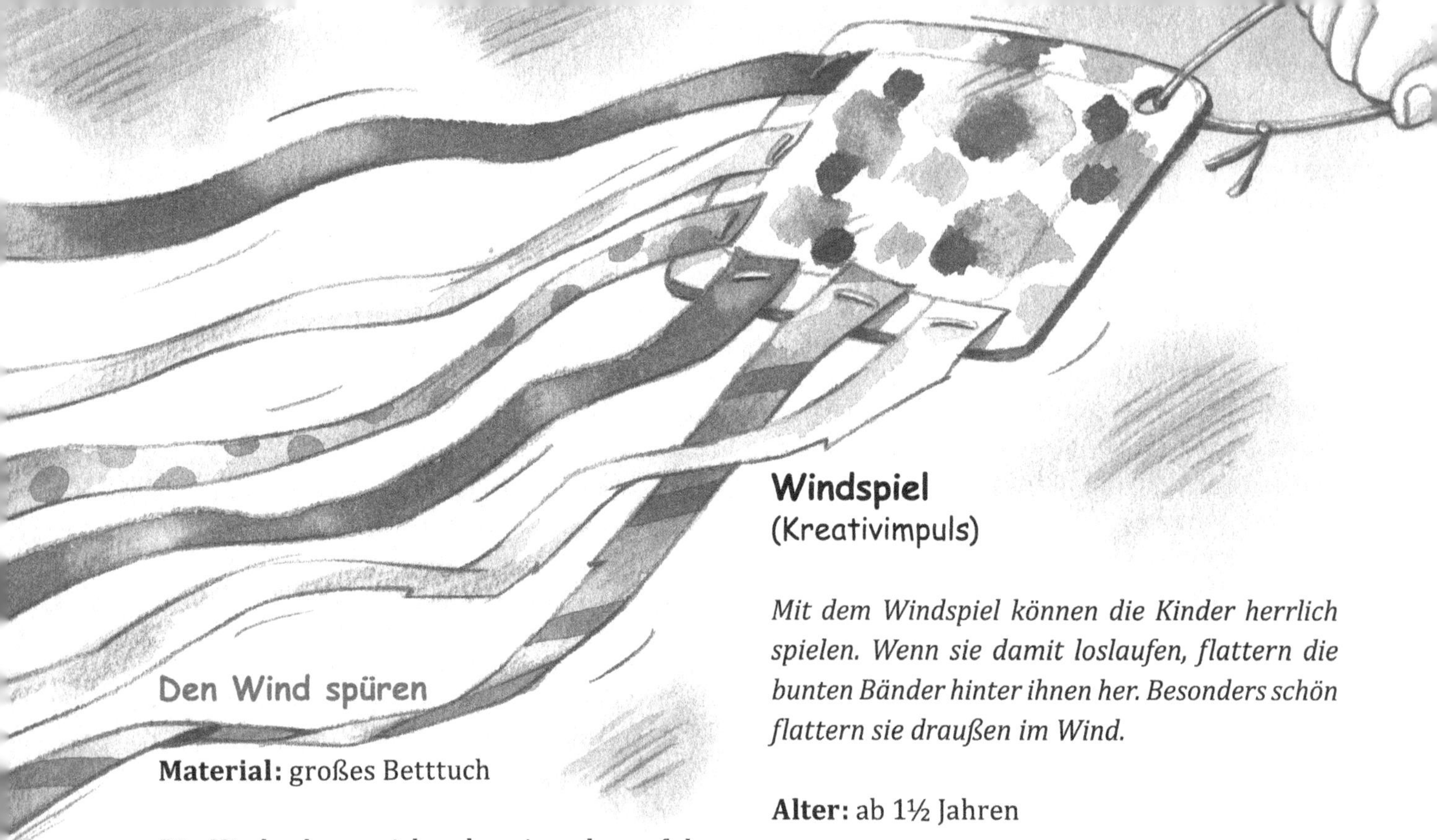

Den Wind spüren

Material: großes Betttuch

Die Kinder legen sich nebeneinander auf den Boden. Das Betttuch wird nun an beiden Enden von zwei Erwachsenen über die Kinder gehalten. Durch Auf- und Abbewegen des Tuches erzeugen sie Wind. Je schneller es bewegt wird, umso mehr Wind wird erzeugt. Die Kinder lieben es, den Wind hautnah zu spüren und können oft nicht genug davon bekommen.

Wind, Wind, blase, mal langsam und mal schnell,
Wind, Wind, blase, bist ein lustiger Gesell.

Windkinder

Material: Chiffontücher, Meditations- oder Herbstmusik

Alle bekommen ein Chiffontuch und erzeugen damit Wind, indem sie ihr Tuch vor sich gleiten lassen oder damit wedeln. Zu stimmungsvoller Herbst- oder Meditationsmusik bewegen sich die Kinder damit sehr gerne, springen, krabbeln, drehen sich mit ihren Tüchern, werfen sie in die Luft usw.

Windspiel
(Kreativimpuls)

Mit dem Windspiel können die Kinder herrlich spielen. Wenn sie damit loslaufen, flattern die bunten Bänder hinter ihnen her. Besonders schön flattern sie draußen im Wind.

Alter: ab 1½ Jahren

Material: Bierdeckel, Locher, Fingerfarbe, bunte Bänder (Streifen von bunten Plastiktüten oder Stoffbänder aus Organza), Tacker, reißfeste Schnur, Schere, Malkittel

Vorbereitung: Aus Plastiktüten werden lange Streifen geschnitten, die ungefähr 3 cm breit und ca. 60 bis 80 cm lang sein sollten. Eine Alternative ist dünner Stoff (Organza), der in Streifen geschnitten wird. Gut eignen sich auch verschiedenfarbige Bänderreste.

Die Kinder stellen ein Windspiel her:
Mit Hilfe der Spielleitung stanzen die Kinder ein Loch für die Schnur in den Bierdeckel.
Den Bierdeckel malen sie von beiden Seiten mit Fingerfarbe bunt an.
Wenn die Farbe trocken ist, tackern sie mit der Spielleitung ca. 6 bunte Bänder daran.
Dann wird eine Schnur von ca. 50 cm Länge durch das Loch gefädelt. Beide Enden werden verknotet, so dass eine Schlaufe zum Festhalten entsteht.

Kürbis- und Laternenzeit

Der Kürbis
(Spielgeschichte)

Material: grünes Tuch, großer Kürbis, Löffel, Messer, Mausfigur (evtl. gebastelt aus einem Stein oder einer Nussschale)

Vorbereitung: Mit einem scharfen Messer einen Deckel vom Kürbis abschneiden und den Kürbis mit einem Löffel aushöhlen. Die schon etwas älteren Kinder können beim Aushöhlen mit einbezogen werden.
Dann schneidet die Spielleitung aus dem Kürbis zwei Augen, eine Nase und einen Mund heraus. Auf die andere Seite schneidet sie ein großes Loch, so dass sie mit der Hand ins Kürbisinnere gelangt und von dort aus mit der Maus spielen kann.

Anleitung: Die Spielleitung stellt den Kürbis in die Mitte auf ein grünes Tuch und stellt die Geschichte mit einer Mausfigur bildhaft dar. Sie bezieht die Kinder mit ein, lässt sie nach der Maus rufen und lässt die Maus über ihre Füße krabbeln.

In unserer Mitte steht ein **Kürbis**, dick und rund.
Er hat zwei Augen, eine Nase und einen Mund.
Im Kürbis wohnt die kleine Maus,
die schaut jetzt gleich zu uns heraus.
Doch es ist noch ganz leise -
sie schläft noch, die Maus.
Maus, komm doch zu uns heraus!

Nanu, nichts zu hören -
wir werden doch nicht stören?
Wir wollen sie jetzt wecken,
sie soll nur nicht erschrecken.
Maus, komm doch zu uns heraus!

Jetzt schaut die kleine **Maus** heraus,
mal aus dem **Auge**, aus der **Nase**, aus dem **Mund**.
Dann krabbelt sie aus dem **Loch** hinaus
und kommt jetzt ganz zu uns heraus.
„Hallo, Kinder, jetzt bin ich endlich aufgewacht!
Habt ihr den lauten Krach gemacht?"

Sie tippelt hier, sie tippelt da
und einmal ganz im Kreis herum.
Sie schaut sich bei euch Kindern um.
Dann geht sie wieder in ihr **Kürbishaus**
und ruht sich noch ein wenig aus.

Vertiefung: Die Kinder begutachten den Kürbis. Sie befühlen ihn und riechen an ihm. Mit der kleinen Maus können sie das Geschehen nachspielen.

Die Kürbislaterne
(Bewegungsspiellied)

Material: ausgehöhlter Kürbis mit Gesicht, Kerze, Feuerzeug

Melodie: Ein Männlein steht im Walde
Wir haben einen Kürbis, er ist dick und rund.
Er hat Augen, Nase und einen Mund.
Seht euch unsern Kürbis an,
wie er so schön lachen kann,
wenn wir zünden seine Kerze an.

Wir haben einen Kürbis, er ist dick und rund.
Er hat Augen, Nase und einen Mund.
Seht euch unsern Kürbis an,
wie er so schön leuchten kann,
wenn wir zünden seine Kerze an.

Die Kinder staunen, wenn eine Kerze im Kürbis brennt. Besonders schön leuchtet er, wenn es draußen etwas duster ist.
Gemeinsam tanzen alle um den Kürbis herum und singen das Lied.

Kürbissuppe
(Sinneserfahrung)

Schon die Kleinsten haben viel Freude an lebenspraktischen Tätigkeiten. Je nach ihren Fähigkeiten können sie in den Alltag der Erwachsenen mit einbezogen werden. Bereits die Jüngsten finden es spannend, beim Kochen zuzusehen.
Beim Schneiden und Rühren machen sie verschiedene Sinnes- und Materialerfahrungen, spüren den Unterschied zwischen hart und weich, trocken und nass. Auch unterschiedliche Gerüche können bewusst wahrgenommen werden.

Alter: ab 2 Jahren

Zutaten: 1 mittelgroßer Kürbis (Hokkaido), 2 Kartoffeln, 2 Karotten, 1 Zwiebel, 200 g süße Sahne, Butter, Gemüsebrühe, Salz, Pfeffer, Muskat

Material: Kinderschürzen, großer Topf, Schneidebrettchen, kleine Messer, Löffel, Rührlöffel, Schäler, Pürierstab, Teller

Die Kinder bereiten eine Kürbissuppe zu:
Die Kinder waschen ihre Hände und anschließend den Kürbis, die Kartoffeln und Karotten.
Die Spielleitung schneidet vorsichtig den Kürbis durch und bereitet ihn so vor, dass die Kleinen ihn gut zerkleinern können.
Mit einem Löffel entfernen die Kinder vorsichtig die Körner und würfeln das Fruchtfleisch.
Die Spielleitung gibt dabei Hilfestellung.
Die Kartoffeln und Karotten werden von der Spielleitung geschält. Die schon etwas älteren Kinder schneiden sie in kleine Stücke.
Sie schälen eine Zwiebel und schneiden sie mit Hilfe ebenfalls klein.
In einem großen Topf dünstet die Spielleitung die Zwiebeln mit Butter glasig an.
Dann wird ca. 500 ml Gemüsebrühe hinzugefügt. Darin das Kürbisfleisch zusammen mit den Kartoffeln und Karotten bei mittlerer Hitze köcheln lassen, bis alles weich ist.
Nun das Gemüse pürieren. Evtl. Wasser dazugeben, falls die Suppe noch zu fest ist.
Zum Schluss mit Salz, Pfeffer und Muskat würzen (Kinder mögen es nicht so würzig!), Sahne dazugeben und umrühren – guten Appetit!

Hinweis: Für die Suppe eignet sich Hokkaido besonders gut, eine sehr aromatische Kürbissorte mit festem Fruchtfleisch. Seine Schale ist so dünn, dass sie mitgekocht werden kann.

Schnipsel- und Blätterlaterne
(Kreativimpuls)

Herbstzeit ist auch die Zeit der Laternenumzüge. Wie schön ist es da, mit einer selbst gebastelten Laterne singend durch die dunklen Straßen zu ziehen.
Mit Hilfe eines Erwachsenen können die Kinder einfache Laternen basteln.

Alter: ab 2 Jahren

Material: kleine runde Käseschachteln, Tonkartonstreifen, selbstklebende Buchfolie, Transparentpapier in hellen Farben, dunkles Tonpapier, Sternenlocher, Schere, großer Tacker oder doppelseitiges Klebeband, breites durchsichtiges Klebeband, Blumendraht, Laternenstäbe, Teelichter mit Batteriebetrieb

Für die Variante: verschiedene kleine Herbstblätter, alte Zeitungen und Kataloge, weißes Transparentpapier

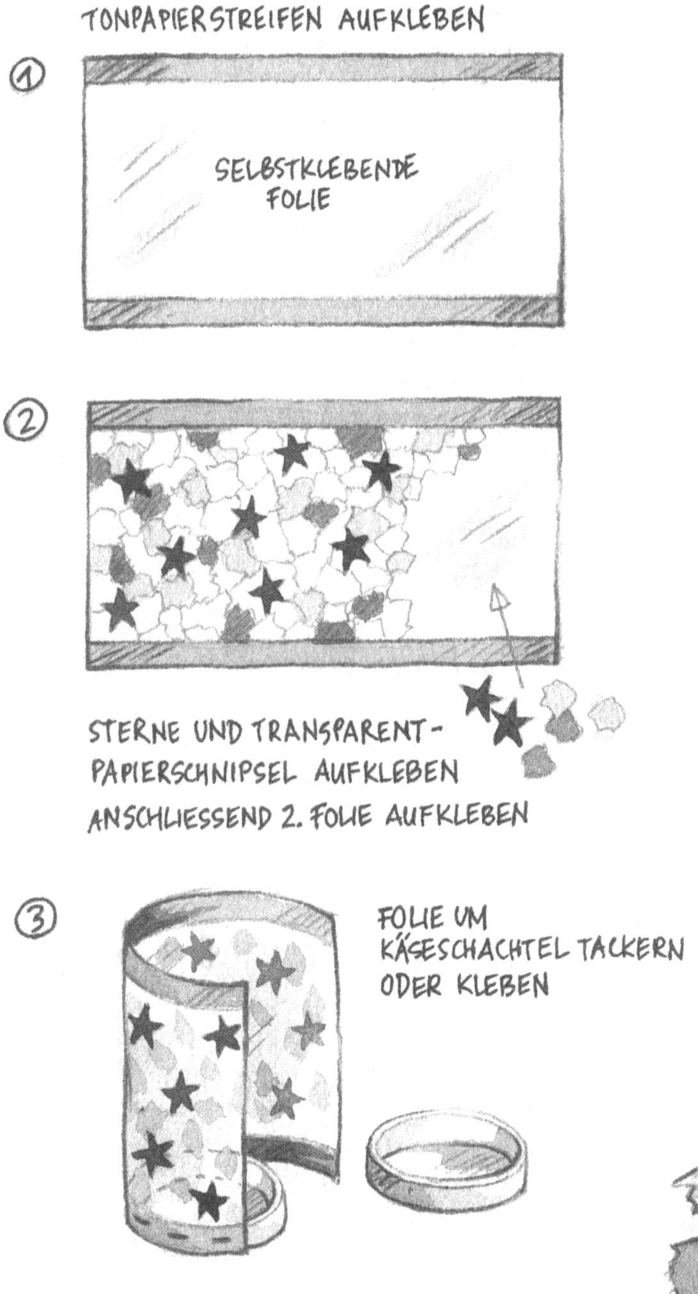

Vorbereitung: Für die Laterne werden für jedes Kind zwei gleich große Buchfolienstücke zugeschnitten. Sie sollten ungefähr 20 cm breit und etwa 3 cm länger als der Käseschachtelumfang sein.
Zusätzlich werden pro Laterne zwei Tonkartonstreifen in der Länge der Folie und ca. 1,5 bis 2 cm breit benötigt.
Für die Variante: Für jedes Kind wird nur eine Buchfolie und in derselben Größe ein weißes Transparentpapier zugeschnitten.

Die Kinder basteln eine Laterne:
Die Kinder reißen vom Transparentpapier Schnipsel ab. Wenn die Spielleitung es in Streifen reißt, können kleine Kinder es leichter zu Schnipseln verarbeiten. (Zusätzlich kann sie das Papier an den passenden Stellen leicht einreißen oder einschneiden.)
Mit Hilfe der Spielleitung stanzen die Kinder Sterne aus dunklem Tonpapier.
Dann ziehen sie mit der Spielleitung von einer Folie das Papier ab und legen sie mit der nicht klebenden Seite auf den Tisch. Die Spielleitung klebt die vorbereiteten Tonkartonstreifen oben und unten am Rand auf die Folie. Die Kinder verteilen nun die dunklen Sterne und ihre bunten Papierschnipseln auf die Klebeseite.
Danach wird auch das Papier der zweiten Folie abgezogen und auf die Klebeseite der ersten Folie geklebt, so dass die Schnipseln zwischen den beiden Folien kleben.
Mit Hilfe der Spielleitung tackern die Kinder die Längsseiten der Folien um den Schachtelboden rundherum oder kleben ihn mit doppelseitigem Klebeband daran fest. Mit einem breiten Klebeband wird die Laterne an der Seite zusammengeklebt.
Ein Erwachsener befestigt ein Stück Blumendraht am oberen Rand und hängt einen Laternenstab ein.
Zum Schluss wird ein Teelicht mit doppelseitigem Klebeband in der Laterne befestigt, das das Kinderkunstwerk zum Leuchten bringt.

Hinweis: Bei den Kleinsten eignet sich ein Teelicht mit Batteriebetrieb, damit die Laterne beim Tragen nicht in Brand gesetzt werden kann.

Variante: Eine schöne Alternative besteht darin, die Laterne mit Herbstlaub zu bekleben. Für die Blätterlaterne suchen die Kinder verschiedene kleine Blätter, die sie zwischen Zeitungspapier und dicken Katalogen einige Tage lang pressen.
Der Arbeitsablauf ist fast derselbe. Die Kinder bekleben die Buchfolie mit gepressten Blättern anstatt mit Schnipseln. Darüber kommt keine zweite Buchfolie, sondern weißes Transparentpapier (Hilfestellung geben). Dieses klebt an den noch freien Stellen der Buchfolie fest.

Winter

Nun beginnt die kälteste Jahreszeit. Sie ist lange nicht so farbenfroh wie der Herbst. Bäume, Felder und Wiesen sind kahl und es wird am Abend früher dunkel. Doch auch der Winter bietet viele intensive Naturerlebnisse und Sinneseindrücke.

Wie schön ist es, wenn der erste Schnee fällt, die Landschaft weiß bedeckt ist und der Schnee in der Sonne glitzert. Schon die Kleinsten haben Spaß daran, im Schnee herumzutollen, Eimerchen mit Schnee zu füllen, Schlitten zu fahren oder einen Schneemann zu bauen. Sie können Spuren in den Schnee machen oder sich (vor der Kälte geschützt durch einen Schneeanzug) darin wälzen. Sie können Eiszapfen schmelzen lassen und die Kälte spüren, Vögel beobachten und sie bei der Futtersuche unterstützen.

Die schönste Zeit im Winter ist für die meisten Kinder sicherlich die Weihnachtszeit. Mit allen Sinnen erleben sie den Zauber des Advents, mit den vielen Lichtern und geschmückten Häusern und Straßen. Sie staunen über die schönen Dinge, den hellen Glockenklang, den herrlichen Plätzchenduft. Diese besondere Atmosphäre spüren auch schon die unter Dreijährigen.

Die dunkle Jahreszeit, in der alles etwas leiser und geruhsamer zugeht, eignet sich besonders gut für gemeinsames Spielen, Basteln und Singen. Alltagsgegenstände wie Töpfe und Rührlöffel werden zweckentfremdet und als Instrumente verwendet. Kinder können kreativ werden, experimentieren, eigene Klänge und Geräusche finden und damit ihren Gesang begleiten.

Mit der Faschings- oder Karnevalszeit endet der Winter. Kinder erleben die närrische Jahreszeit als bunt und fröhlich. Bei Faschingsumzügen sehen sie farbenfroh geschmückte Wagen und fantasievoll kostümierte Menschen. Schon für Kinder unter 3 Jahren ist das faszinierend. Sie verkleiden sich gern und betrachten sich im Spiegel.

Sternen- und Weihnachtszeit

Der Weihnachtsstern
(Spielgeschichte)

Material: Papierweihnachtsstern, Krippenstall und Figuren (Maria, Josef, Jesuskind, Hirten, Esel, Ochsen, Schafe), Landschaft (grünes Tuch), Weg (graues oder braunes Tuch)
Für die Vertiefung: kleine Glöckchen

Anleitung: Die Spielleitung legt ein grünes Tuch als Landschaft aus, stellt die Krippe darauf und legt mit einem anderen Tuch einen Weg.
Mit den aufgelisteten Gegenständen stellt sie die Geschichte bildhaft dar und bringt den Kleinen so die Bedeutung von Weihnachten näher.

Ganz oben am Himmel leuchten viele, viele Sterne. Doch ein **Stern** ist ganz besonders, er hat einen Schweif und leuchtet viel heller als alle anderen Sterne: Das ist der Weihnachtsstern.
Heute ist der Stern besonders aufgeregt. Er bewegt sich am dunklen Himmel voran, denn heute ist etwas ganz Besonderes geschehen.
Maria und **Josef** machen sich auf den **Weg** nach Betlehem. Maria bekommt bald ein kleines Baby. Sie ist sehr müde. In Betlehem sind alle Häuser belegt, doch in der Nähe finden Maria und Josef einen **Stall**. Beim **Ochsen** und **Esel** haben die beiden es warm. In tiefer Nacht bringt Maria ihr **Baby** zur Welt. Es heißt Jesus. Sie wickelt es in Windeln und legt es in die **Futterkrippe**. Maria summt dem Jesuskind ein Lied, und schon schläft es ruhig ein. *(Die Spielleitung summt leise eine schöne Melodie.)*
Der helle **Stern** steht nun über dem Stall, er freut sich und funkelt noch mehr.
Sanft leuchtet der Stern auf das Kind im Stroh. Das Kind bringt Liebe in die Welt und macht alle froh.
Die **Hirten** sind draußen auf dem Feld bei den **Schafen**. Sie folgen dem leuchtenden Stern bis zu dem Stall. Dort finden sie Josef, Maria und das Kind. Sie freuen sich alle, das könnt ihr sehen. Jesus ist geboren, und das ist schön.

Vertiefung: Die Spielleitung kann die Freude über die Geburt des Jesuskindes zum Ausdruck bringen, indem sie mit den Kindern ein einfaches Weihnachtslied singt. Sie verteilt kleine Glöckchen, mit diesen begleiten die Kinder das Lied.

Die Sterne
(Fingerspiel)

Was funkelt da am Himmel?
Ein funkelndes Sternengewimmel!
(Finger spreizen und über den Kopf halten.)
Sie leuchten hier,
(Hände nach links strecken.)
sie funkeln dort,
(Hände nach rechts strecken.)
und am Morgen sind sie fort.
(Hände hinter dem Rücken verstecken.)

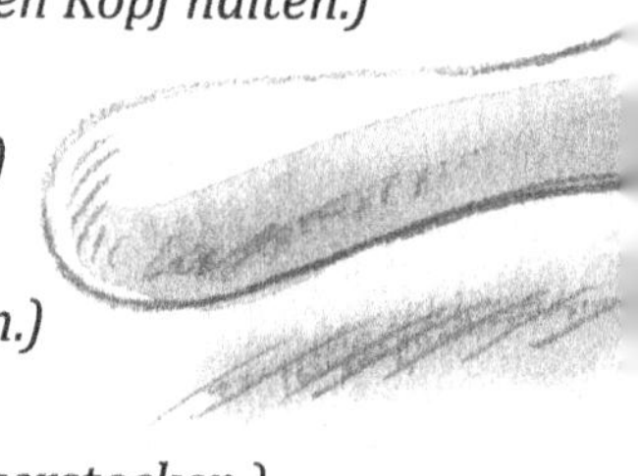

Sternplätzchen
(Sinneserfahrung)

In der Vorweihnachtszeit bietet es sich an, mit den Kindern Plätzchen zu backen. Schon die Kleinsten sind voller Eifer dabei. Sie helfen beim Wiegen und Abmessen der einzelnen Zutaten gern mit und machen erste Versuche, den Teig auszurollen und Plätzchen auszustechen.
Kinder sollten frühzeitig die Möglichkeit bekommen, beim Backen und Kochen im Alltag mitzuhelfen, denn dabei sammeln sie vielfältige Sinneserfahrungen.

Alter: ab 2 Jahren

Zutaten: 500 g Mehl (250 g Dinkelvollkornmehl, 250 g Weizenmehl), 250 g Butter, 150 g Zucker, 2 Eier, etwas Eigelb oder Milch zum Bestreichen, Dekoration (bunte Zuckerstreusel, gehackte Mandeln oder gemahlene Haselnüsse)

Material: Kinderschürzen, Teigschüssel, Löffel, Waage, Handrührgerät mit Knethaken, kleine Teigrollen, Sternenausstechförmchen, Backpapier, Backbleche, kleine Schälchen für die Dekoration, Backpinsel

Die Kinder helfen beim Backen mit:
Die Kinder waschen ihre Hände und ziehen Schürzen an. Die Spielleitung betrachtet gemeinsam mit den Kindern die Zutaten und benennt sie.
Mit Hilfe eines Löffels geben die Kinder die Zutaten in eine große Schüssel. Das Öffnen der Eier übernimmt die Spielleitung.

Mit einem Handrührgerät werden alle Zutaten zu einem festen Teig verknetet. Wenn der Teig zu weich ist, wird er kurz kalt gestellt.
Die Spielleitung gibt jedem Kind etwas Mehl auf die Arbeitsfläche und ein kleines Teigstück. Dieses kneten die Kinder nochmals durch und formen es zu einer runden Kugel. Mit einer kleinen Teigrolle wellen die Kleinen den Teig aus. Je nach Bedarf gibt die Spielleitung den Kindern Hilfestellung.
Mit bemehlten Sternausstechförmchen stechen die Kinder Plätzchen vom Teig aus. Diese legt die Spielleitung dann auf ein mit Backpapier ausgelegtes Backblech.
Mit einem Backpinsel und verquirltem Eigelb bestreichen die Kleinen die Sterne und bestreuen sie mit Zuckerstreuseln, gehackten Mandeln oder gemahlenen Nüssen.
Die Plätzchen bei 180° C etwa 10 Minuten backen. Mmm, wie sie gut duften!

Sternenmeditation

Material: blaues Tuch, pro Kind einen großen Tonkartonstern, Windlicht (großes Einmachglas, etwas Sand, Kerze), Feuerzeug, Meditationsmusik, Sternenlied (z. B. von Hans Spielmanns CD „Lichtertanz. Helle Lieder für die dunkle Jahreszeit“ das Lied „Funkle, funkle, kleiner Stern“)

Anleitung: Die Spielleitung sorgt für eine ruhige, besinnliche Atmosphäre. Sie dunkelt den Raum etwas ab und lässt im Hintergrund Meditationsmusik laufen.
In die Mitte legt sie ein großes blaues Tuch, darauf stellt sie ein Windlicht und zündet es an.
Die Kinder sitzen mit der Spielleitung um das Tuch herum und betrachten gemeinsam die leuchtende Kerze.

In unserer Mitte steht eine Kerze.
Sie ist hell und leuchtet klar.
Wenn es dunkel ist, schenkt sie uns ihr Licht.
Es leuchtet für dich und für mich.
(Die Spielleitung verteilt Sterne an jedes Kind.)
Funkle, funkle, kleiner Stern,
ach, ich hab dich ja so gern.
Leuchtest nachts am Himmelszelt,
leuchtest für die ganze Welt.

Die Kinder betrachten ihre Sterne. Zu einem Sternenlied („Funkle, funkle, kleiner Stern“) halten sie nun ihren Stern nach oben und wiegen ihn hin und her.
Gemeinsam tanzen oder bewegen sich die Kinder mit ihrem Stern frei zur Musik um das blaue Tuch herum.

Stern-Fensterdeko
(Kreativimpuls)

Alter: ab 2 Jahren

Material: Schuhkartons, Butterbrotpapier, Fingerfarben, Murmeln, Tonkarton, Kinderscheren, Klebstoff, Malkittel

Vorbereitung: Die Spielleitung zeichnet Sterne auf Tonkarton auf in der Größe eines Schuhkartons.
In die Sterne werden nochmals kleinere Sterne gemalt, so dass ein Sternrahmen entsteht. Der Sternrahmen sollte etwa eine Dicke von 1 cm haben.
Das Butterbrotpapier wird in der Größe der Sterne zugeschnitten.
Die Fingerfarbe mit etwas Wasser verflüssigen.

Die Kinder gestalten Sterne:
In den Schuhkarton legen die Kinder ein Butterbrotpapier. Die Spielleitung tropft darauf einige Tropfen verschiedener Farben.
Die Kinder legen zwei Murmeln in den Karton. Sie halten ihn mit beiden Händen und lassen die Murmeln durch die Farben kullern. Es bildet sich ein schönes Muster aus bunten Linien.
Die Butterbrotpapiere trocknen lassen.
Mit Hilfe der Spielleitung schneiden die Kinder nun den vorgezeichneten Tonkarton-Sternrahmen aus, kleben ihn auf das Butterbrotpapier und schneiden mit Hilfestellung das überstehende Papier ab.
Fertig sind die Sterne und können nun am Fenster leuchten!

Hinweis: Das bunte Papier lässt sich auch für eine Laterne verwenden oder die Technik kann auf weißem Papier gemacht und mit einem Rahmen versehen werden.

Der Schnee

Der Schneemann
(Spielgeschichte)

Material: weißes Tuch, Schneeflocken (weiße Papierschnipseln), Lena (Handpuppe), Schneemann (weißer, schwarzer und oranger Tonkarton, selbstklebende Klettverschlusspunkte), kleiner Schuhkarton, Sonne aus Papier

Vorbereitung: Aus weißem Tonkarton die Kreise oder Umrisse eines Schneemanns ausschneiden.
Dann ebenfalls aus farbigem Tonkarton einen Hut, eine Karottennase und Steine für Augen, Mund und Knöpfe schneiden und alle Teile mit selbstklebenden Klettverschlusspunkten versehen, so dass sie als Schneemann zusammengebaut werden können. Auf den Schuhkarton auch Klettverschlusspunkte kleben, damit der Schneemann daran geheftet werden kann.
Alle Einzelteile können im Schuhkarton gesammelt werden.

Anleitung: Wenn der erste Schnee fällt, kann die Geschichte vom Schneemann erzählt und vorgespielt werden.
Zu Beginn legt die Spielleitung ein weißes Tuch in die Mitte, stellt darauf den Schuhkarton und lässt einige Papierschnipsel als Schneeflocken fallen.
Mit der Handpuppe baut sie während der Geschichte den Schneemann zusammen. Gegen Ende nimmt sie den Schneemann wieder auseinander und lässt die Einzelteile im Karton verschwinden.

Es ist **Winter**. Leise fallen vom Himmel die ersten **Schneeflocken**, sie bedecken die Wiesen, Bäume und Felder. Draußen ist es nun sehr kalt.

Als **Lena** aus dem Fenster sieht, ist die Welt ganz zugeschneit. Es ist alles weiß. Lena freut sich. Sie zieht ihre Jacke, Stiefel und Handschuhe an, setzt sich ihre Mütze auf den Kopf und bindet einen Schal um ihren Hals. Voll Freude über den Schnee rennt Lena schnell nach draußen. Sie läuft durch den weißen Schnee: „Hallo, Kinder, ich freu mich ja so sehr, endlich hat es geschneit! Hurra!"
Sie fasst den kalten Schnee mit ihren Händen und wirft ihn in die Luft. Dann rollt das Mädchen den Schnee zu großen Kugeln und baut daraus einen **Schneemann**. Sie holt einen **Hut** und setzt ihn dem Schneemann auf den Kopf. Dann steckt sie ihm eine **Karotte** als Nase ins Gesicht. Lena sucht nach kleinen **Steinen** im Schnee. Sie drückt die Steine in den weichen Schneemann. Jetzt hat der Schneemann zwei **Augen**, einen **Mund** und ein paar **Knöpfe**.
Lena freut sich über ihren Schneemann und hüpft vor Freude um ihn herum: „Liebe Kinder, schaut euch meinen Schneemann an! Er ist dick und rund. Hurra!"
Es beginnt zu **schneien** und Lena geht wieder nach Hause.

Viele Tage steht der Schneemann nun hier. Doch eines Tages, als die **Sonne** wieder wärmer scheint, beginnt er langsam zu schmelzen. Erst verliert er seine **Nase**, dann den **Hut**, dann seine **Augen**, seinen **Mund**, seine **Knöpfe** und zum Schluss verschwindet der ganze **Schnee**.

Vertiefung: Liegt genügend Schnee, können die Kinder draußen warm eingepackt naturnahe Erfahrungen sammeln: Sie können Spuren in den Schnee machen, ihn hochwerfen, Kugeln formen und schauen, was sich unter dem Schnee verbirgt. Und vielleicht lässt sich auch ein kleiner Schneemann bauen.

Fünf Schneeflocken
(Fingerspiel)

Material: weiße Federn oder Wattebäusche

Die Kinder lassen eine weiße Feder oder einen Wattebausch entsprechend dem Text von einem Körperteil zum anderen wandern. Zum Schluss pusten die Kinder die Schneeflocke von der Hand.

Fünf Schneeflocken fallen auf die Erde nieder.
Das erste Schneeflöckchen macht sich den Spaß
und setzt sich mitten auf deine Nas.
Das zweite Schneeflöckchen
setzt sich auf dein Ohr
und kommt sich dort ganz lustig vor.
Das dritte Schneeflöckchen wirbelt hoch hinauf
und setzt sich auf dein Köpfchen drauf.
Das vierte Schneeflöckchen
setzt sich auf deine Wange
und bleibt dort auch nicht lange.
Das fünfte Schneeflöckchen
setzt sich auf deine Hand
und fliegt dann weiter durch das Land.

Spielidee: Die Kinder bekommen kleine weiße Wattebäusche oder kleine Federn zum Spielen. Sie können damit eigene Spielmöglichkeiten finden, z. B. die Watte kreuz und quer durch den Raum pusten, sie langsam von oben herabschweben lassen oder einander damit streicheln.

Viele kleine Schneeflocken
(Bewegungsspiellied)

Material: weißes Tuch, viele weiße Federn, Schneebälle aus Papier / weißem Stoff oder mit Watte gefüllte weiße Socken

Vorbereitung: Weiche Spielschneebälle können mit etwas Zeitaufwand leicht selbst hergestellt werden. Sie lassen sich bei Winterspielliedern oder Bewegungsimpulsen einsetzen und können im Freispiel angeboten werden. Die Kinder lieben es, mit den Bällen zu werfen und üben ganz nebenbei ihre Augen-Hand-Koordination.
Für die Herstellung aus weißem Stoff oder Leinentüchern Kreise von ca. 30 cm Durchmesser zuschneiden. Um ein Stoffteil wird rundherum mit Heftstichen ein Faden durchgezogen. Danach füllen es die Kinder mit Watte. Zum Schluss Faden zusammenziehen und verknoten.
Als einfache Variante können die Kinder auch in alte weiße Socken Watte stopfen, sodass eine Kugel entsteht. Socken mit einem stabilen Faden abbinden und den Rest abschneiden.

Anleitung: In die Mitte wird ein weißes Tuch gelegt. Darauf verteilt die Spielleitung mit den Kindern weiße Federn. Die Kinder dürfen zum Lied die Schneeflocken (Federn) fliegen lassen. Am Ende des Liedes legt die Spielleitung Schneebälle in die Mitte – schon kann die Schneeballschlacht beginnen!

Melodie: Zehn kleine Negerlein
Viele kleine Schneeflocken,
die tanzen hin und her,
sie rieseln sacht auf uns herab,
es werden immer mehr.

Viele kleine Schneeflocken,
die fliegen nicht allein.
Wir fühlen sie auf unsrer Haut,
es wird wohl noch mehr schnei'n.

Viele kleine Schneeflocken,
die fallen Tag und Nacht.
Wir freuen uns, wir freuen uns
schon auf die Schneeballschlacht.

Schneewelt

(Bewegungsimpulse)

Es schneit

Material: alte Zeitungen, Instrumentalmusik

Es schneit, es schneit,
weiße Flocken fallen hier und da und überall.
Der Schnee bedeckt die Erde bald.

Die Kinder bekommen Zeitungsblätter. Zur Instrumentalmusik lassen sie nun Papierflocken schneien. Es macht viel Spaß, große Zeitungsstücke zu „Schneeflocken" zu zerreißen und sie in die Luft zu werfen.
Anschließend können sie durch die künstliche Winterwelt krabbeln, springen und laufen, frei mit den Schnipseln spielen, sie hochwerfen, sich gegenseitig damit bewerfen oder sich darin kullern.

Wir laufen und krabbeln durch den Schnee
und werfen ihn hoch – ist das nicht schön?

Schlittenfahrt

Material: Bettlaken, Teppichfliesen

Vorbereitung: Bettlaken an der kurzen Seite zusammennähen, so dass eine Sitzdecke entsteht. Die einjährigen Kinder sitzen dadurch sicherer und können während der Schlittenfahrt die Spielleitung ansehen.

Die Spielleitung breitet das Bettlaken als Schlitten auf dem Boden aus und lässt 2 bis 3 Kinder darauf sitzen. Dann kann die Fahrt losgehen. Die Spielleitung zieht den Kinderschlitten

durch den Raum. Die schon etwas älteren Kinder können ihr dabei helfen. Immer wieder steigen Kinder vom Schlitten und andere fahren mit.
Wer gerade nicht auf dem großen Schlitten sitzt oder ihn zieht, bekommt von der Spielleitung Teppichfliesen. Die Kleinen nutzen diese als Schlitten, indem sie sich mit der rutschigen Seite nach unten darauf setzen und sich mit den Beinen und dem Po vorwärtsbewegen oder sich darauf knien und vorwärtsrutschen.

Kommt, wir holen unsre Schlitten raus
und fahren in die Welt hinaus!
Schlittenfahren, Schlittenfahren,
es geht den Berg herunter.
Schlittenfahren, Schlittenfahren,
das macht uns alle munter!

Schneekullerberg

Material: viele Luftballons, großer weißer Bettbezug

Die Luftballons werden aufgeblasen (nicht zu prall, damit sie nicht platzen!) und in einen Bettbezug gesteckt – schon ist der Schneekullerberg fertig.
Die Kinder können nun nach Belieben darüber krabbeln, rollen oder kugeln. Sie können ihn hin- und herziehen oder es sich einfach darauf gemütlich machen.

Hinweis: Der ballongefüllte Bettbezug ist im Freispiel ein beliebtes Liege- und Spielbett.

Schneeschieber

Material: Teppichfliesen, große Wanne

Am Ende der Bewegungseinheit nehmen sich die Kinder Teppichfliesen als Schneeschieber und schieben all den Papierschnee zusammen. Gemeinsam sind alle Papierschnipsel dann schnell in einer großen Wanne aufgeräumt.

Schneeflockenbild
(Kreativimpuls)

Alter: ab 1 Jahr

Material: dunkelblaues Papier, weiße Fingerfarbe, Malkittel

Die Kinder gestalten ein Schneeflockenbild:
Weiße Fingerfarbe in kleinen Schälchen auf den Tisch stellen. Jedes Kind bekommt ein dunkelblaues Blatt Papier.
Die Kinder drucken mit einem oder mehreren Fingern die weiße Farbe als kleine Schneeflocken darauf.

Schneemann aus Bierdeckeln
(Kreativimpuls)

Alter: ab 2½ Jahren

Material: Bierdeckel, Kleister, Pinsel, Watte, schwarzes und orangenes Tonpapier, farbiger Tonkarton, Kinderscheren, alte Lappen, Malkittel

Vorbereitung: Die Spielleitung zeichnet auf Tonkarton Hüte für die Schneemänner auf. Lappen werden zum Saubermachen der Hände bereitgelegt.

Die Kinder basteln einen Schneemann:
Die Spielleitung tackert mit den Kindern jeweils zwei Bierdeckel als Schneemann zusammen.
Die Kleinen pinseln den ganzen Schneemann mit Kleister ein. Danach ziehen sie etwas Watte auseinander und drücken diese überall auf dem Schneemann fest.
Anschließend schneiden sie mit Hilfe der Spielleitung den Hut aus und kleben ihn oben an den Schneemann.
Vom schwarzen Tonpapier reißen sie kleine Schnipsel und kleben diese als Augen, Mund und Knöpfe mit Hilfestellung auf ihren Schneemann.
Mit einer Schere schneiden sie zuletzt ein spitzes orangenes Papierdreieck aus und kleben es als Karottennase ins Schneemanngesicht.

Hinweis: Für kleine Kinder eignet sich besonders Tapetenkleister zum Kleben. Mit Wasser angerührt, kann er in einem Schraubglas aufbewahrt werden.
Schon die Kleinsten lieben es zu kleben. Im Freispiel kann den Kindern angeboten werden, beliebig damit Papierreste zu kleben. Es ist oft erstaunlich, wie kreativ die Kinder dabei sind und wie viel Ausdauer sie zeigen.
Kleben sollte bei den Kleinsten immer unter Aufsicht stattfinden.

Die Vögel im Winter

Ein Vogel sucht Futter
(Spielgeschichte)

Material: Schnee (weißes Tuch), kleine Vogelfigur, Junge (Handpuppe oder Figur), Brotkrümel

Anleitung: Die Spielleitung breitet ein weißes Tuch aus und stellt die Geschichte mit den Figuren bildhaft dar.

Es ist kalt. Weiße Schneeflocken fallen auf die Erde, und schon bald ist die ganze Erde mit einer dicken **Schneeschicht** bedeckt. Ein kleiner **Vogel** ist am Morgen aufgewacht *(pfeifen)* und hat großen Hunger. Er macht sich gleich auf die Suche nach Futter. Doch als er über die Wiesen fliegt, kann er nirgends etwas zum Fressen sehen. Der Vogel hüpft durch den Schnee und pickt mit seinem Schnabel auf dem Boden herum, doch die Schneeschicht ist so dick, dass er kein Futter findet. Ganz hungrig fliegt der Vogel wieder davon. Da kommt ein kleiner **Junge** aus dem Haus. Er heißt Lukas und hat sich warm angezogen. Seine Mama hat ihm **trockenes Brot** mitgegeben. Lukas zerkrümelt es ganz klein und streut es über den Schnee, denn er möchte den Vögeln bei der Futtersuche helfen. Ganz gespannt ist Lukas nun, ob auch ein Vogel kommt. Er hält sich etwas hinter einem Busch versteckt.
Da, seht, da fliegt der kleine **Vogel** wieder, direkt über euch – und entdeckt die **Brotkrümel** im Schnee. Er pickt sie alle mit seinem Schnabel auf und freut sich darüber sehr. Nun ist der kleine Vogel nicht mehr hungrig und fliegt gleich wieder davon.
Lukas hat den Vogel genau beobachtet und läuft schnell nach Hause. Seiner Mutter erzählt er begeistert vom kleinen Vogel.

Vertiefung: Wenn draußen Schnee liegt, verteilen die Kinder mit der Spielleitung die Brotkrümel für die Vögel. Mit etwas Glück können sie drinnen vom Fenster aus die Vögel beim Fressen beobachten.

Die Vögel fliegen hin und her
(Fingerspiel)

Im Winter ist es draußen kalt
(Mit den Händen die Arme reiben und mit den Zähnen klappern.)
und Schnee bedeckt die Erde bald.
(Die Arme von oben nach unten bewegen und dabei die Finger bewegen.)
Die Vögel fliegen hin und her und finden oft kein Futter mehr.
(Mit den Armen Flugbewegungen machen.)

Kommt, wir bauen ein Vogelhaus
(Die Hände zu einem Hausdach zusammenlegen.)
und streuen darin Körner aus!
(Pantomimisch Futter ausstreuen.)
Für die liebe Vogelschar, die herbeifliegt
wie jedes Jahr!
(Mit den Händen flattern wie ein Vogel.)

Alle meine Vögel
(Bewegungsspiellied)

Melodie: Alle meine Entchen
Alle meine Vögel fliegen weit hinaus,
fliegen weit hinaus.
(Arme als Flügel bewegen und umherfliegen.)
Sitzen in dem Neste, ruhen sich dort aus.
(Auf den Boden setzen.)

Alle meine Vögel fliegen hoch hinauf,
fliegen hoch hinauf.
(Arme als Flügel bewegen und umherfliegen.)
Suchen sich nun Futter, picken alles auf.
(Sich mit dem Oberkörper nach unten beugen und pantomimisch Futter fressen.)

Vogelnest
(Bewegungsimpuls)

Material: pro Kind ein Gymnastikreifen, Glockenspiel

Die Spielleitung verteilt alle Reifen im Raum. Jedes Kind legt oder setzt sich in einen Reifen hinein.
Spielt die Spielleitung auf dem Glockenspiel, stehen die Kinder auf, verlassen ihr Nest und fliegen als Vögel umher.
Wenn die Spielleitung mit der Musik aufhört, kehren die Vögel wieder zu ihrem Nest zurück. Das Spiel kann beliebig lang gespielt werden.

Die Vögel haben sich ein Nest gebaut. Im Winter haben sie es dort warm und können nachts darin schlafen. Wenn morgens die Sonne aufgeht, verlassen die Vögel ihr Nest, singen die schönsten Lieder und fliegen über das Land.

Vogelspaziergang
(Bewegungsimpulse)

Baumstamm

Material: Chiffontücher, 6–10 kleine Stühle, Turnmatte

Es wird eine Stuhlreihe als Baumstamm gestellt. An dessen Ende eine Turnmatte legen. Die Kinder verwenden die Chiffontücher als Flügel und laufen damit über die Stuhlreihe. Am Ende angelangt, hüpfen sie auf die Matte.

Wenn die Vögel Hunger haben, suchen sie sich bei einem Spaziergang Würmer, Insekten und Beeren. Sie hüpfen dabei über Baumstämme und über den Boden.

Unebene Landschaft

Material: Kissen, Bettlaken oder Decken

Die Spielleitung breitet mit den Kindern Kissen auf dem Boden aus und legt darüber Bettlaken oder Decken, sodass eine unebene Landschaft entsteht.
Die Kinder krabbeln oder laufen nun als Vögel darüber.

Futterglocke
(Kreativimpuls)

Den Kindern wird nahegebracht, wie die Vögel die kalte Jahreszeit überstehen. Sie können ihnen helfen, Futter zu finden. Futterglocken können schon Zweijährige leicht selbst herstellen.
Verschiedene Vogelarten sammeln sich um den Futterplatz. Das bietet eine gute Möglichkeit, die gefiederten Wildtiere über einen längeren Zeitraum zu beobachten.

Alter: ab 2 Jahren

Material: Tontöpfe (ca. 8–10 cm Durchmesser), Acrylfarben, Kinderpinsel, Schraubglasdeckel, Kordel / stabile Schnur, Meisenknödeln, kleine Stöckchen, Malkittel

Die Kinder stellen eine Futterglocke her:
Die Spielleitung füllt etwas Farbe in Schraubglasdeckel und stellt sie auf den Tisch.
Die Kleinen malen die Tontöpfe mit wasserfester Farbe bunt an.
Den Meisenknödel befestigt die Spielleitung an einem Ende der Schnur. Darüber knotet sie ein kleines Stöckchen fest, damit die Futterglocke nicht herunterfällt, wenn der Meisenknödel aufgefuttert wurde.
Die Schnur wird dann von innen durch das Loch im Boden des Blumentopfes gezogen, sodass der Topf kopfüber hängt.
Die fertigen Futterglocken können nun zu Hause oder in der Krippe draußen aufgehängt werden. Gemeinsam wird dafür ein Platz gesucht, den die Kinder gut vom Fenster aus sehen können.

Hinweis: Vögel sollten erst bei Schnee oder Frost gefüttert werden. Außerdem sollten die Futterglocken katzensicher angebracht werden.

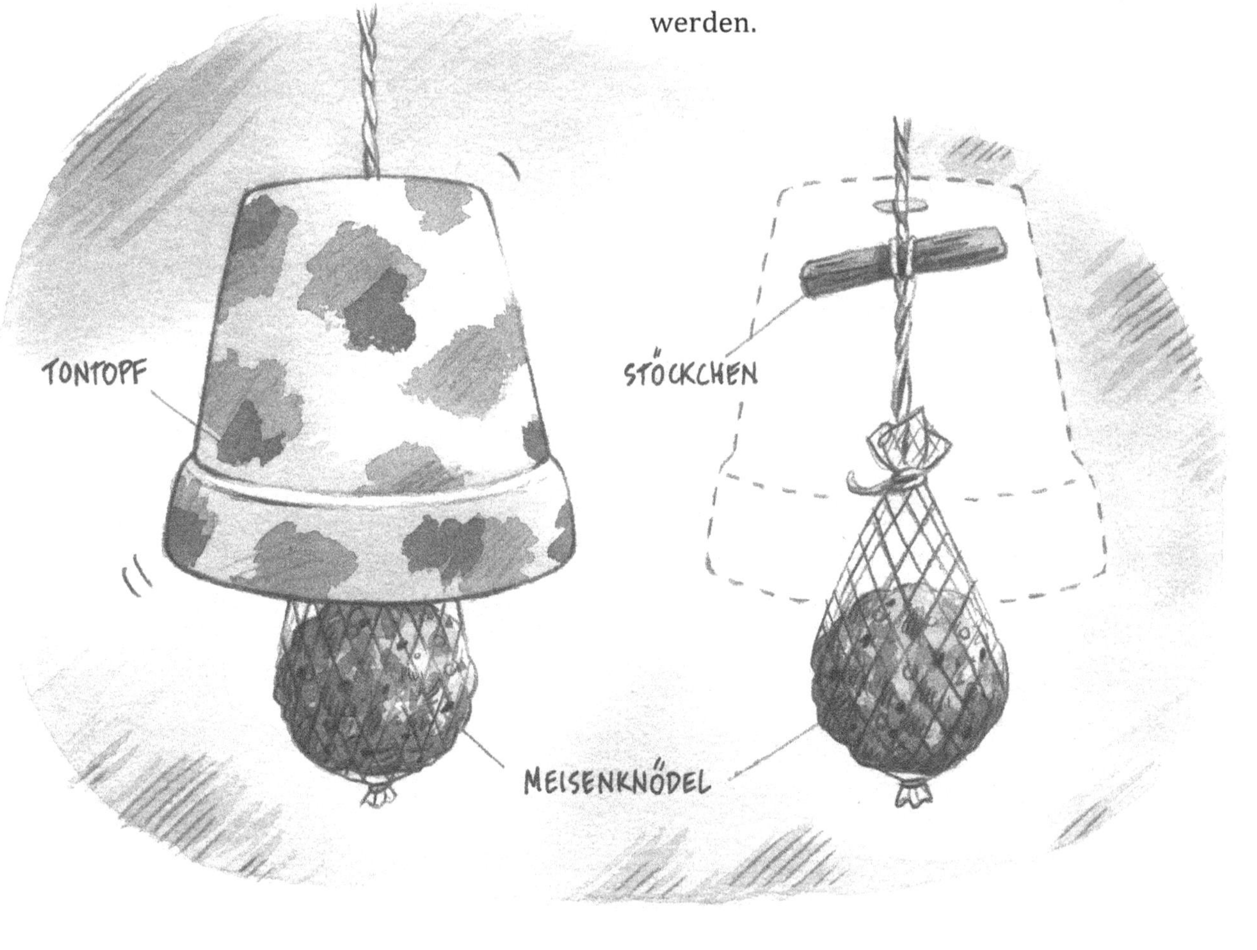

Klänge und Geräusche in der dunklen Jahreszeit

Der Trommel- und der Rasselzwerg
(Spielgeschichte)

Kinder lieben es, Geräusche zu erzeugen und selbst Musik zu machen. Das beginnt schon im frühesten Alter mit dem rhythmischen Schlagen auf einen Pappkarton oder andere Gegenstände. In der Geschichte wird der natürliche Spieldrang der Kinder aufgegriffen und vertieft.

Material: zwei Zwerghandpuppen / -Figuren, verschiedene Trommelwerkzeuge (Töpfe, Waschmitteltonnen, Keksdosen, Kochlöffel, Holzstäbe etc.) und Rasseln (mit kleinen Steinen / Kastanien gefüllte Plastikflaschen, Schachteln und Schüsseln)

Anleitung: Die Spielleitung erzählt den Kindern die Geschichte von den beiden Zwergen und musiziert dabei mit den verschiedensten Gegenständen.

Tief im Wald, da wohnen zwei Zwerge. Der eine ist der **Trommelzwerg** und der andere ist der **Rasselzwerg**. Die beiden Zwerge machen jeden Tag Musik.
Sie klatschen mal leise, mal laut, mal langsam, mal schnell.
(Klatschen – Lautstärke und Tempo variieren.)
Sie stampfen mal leise, mal laut, mal langsam, mal schnell.
(Stampfen – Lautstärke und Tempo variieren.)
Sie summen mal leise, mal laut, mal langsam, mal schnell.
(Summen – Lautstärke und Tempo variieren.)
In ihrem Zwergenhaus sammeln sie viele Dinge, die die großen Menschen nicht mehr brauchen können - **Dosen, Büchsen, Schachteln, Schüsseln, Töpfe, Plastikflaschen** - und mit diesen machen sie die wunderbarste Musik.
Auf alten **Töpfen, Dosen** und **Büchsen** spielen sie mit **Löffeln** und **Holzstäben** eine herrliche Trommelmusik. Sie spielen mal leise, mal laut, mal langsam, mal schnell.
(Trommeln – Lautstärke und Tempo variieren.)
Schachteln, Schüsseln und **Plastikflaschen** füllen sie mit kleinen **Steinen** und **Kastanien**, die sie im Wald finden. Wenn sie nun die gefüllten Gegenstände schütteln, entsteht eine wunderschöne Rasselmusik. Sie spielen mal leise, mal laut, mal langsam, mal schnell.
(Rasseln – Lautstärke und Tempo variieren.)
Dabei singen sie die schönsten Lieder:

Melodie: Ein Vogel wollte Hochzeit machen
Wir Zwergenkinder eins, zwei, drei,
wir machen heut Musik, juchhei.
Lala lalala, lala lalala, lala lala lala la.

Die Trommeln spielen laut und leis,
es tanzt ein jeder hier im Kreis.
Lala lalala, lala lalala, lala lala lala la.

Die Rasseln sind gefüllt geschwind,
und spielen kann sie jedes Kind.
Lala lalala, lala lalala,lala lala lala la.

Viele Tiere werden von der schönen Musik angelockt. Oft versammeln sie sich vor dem Zwergenhaus und lauschen der schönen Musik vom **Trommelzwerg** und **Rasselzwerg**. Manchmal sieht man die Tiere sogar tanzen.
Abends, wenn es dann dunkel wird, müssen die beiden Zwerge wieder still sein, denn sonst können die Tiere nicht schlafen. Aber am nächsten Tag spielen der Trommelzwerg und der Rasselzwerg wieder mit ihren Instrumenten.

Vertiefung: Die Kinder werden selbst aktiv. Sie experimentieren mit den Klanggegenständen und machen auf kindliche Weise Musik.
Alle gemeinsam singen das Zwergenlied und die Kinder spielen dazu mit den klingenden Alltagsgegenständen.

Hinweis: Kinder lieben es, bekannte und beliebte Lieder immer wieder mit einfachen Alltagsgegenständen oder Orffinstrumenten rhythmisch zu begleiten.
Die Spielleitung kann dies in den täglichen Morgenkreis oder Spielkreis integrieren.

Ich spiele hier im Kreis
(Singspiel)

Material: Trommel, Rassel

Melodie: Ich bin ein dicker Tanzbär
Ich bin der / die kleine *[Name des Kindes]*
und spiele hier im Kreis.
Ich spiel auf meiner Trommel
mal laut und auch mal leis.
Seht, wie ich sie spielen kann,
ich trommle laut und leis,
seht, wie ich sie spielen kann,
ich trommle laut und leis.

Ich bin der / die kleine *[Name des Kindes]*
und spiele hier im Kreis.
Ich spiel mit meiner Rassel
mal laut und auch mal leis.
Seht, wie ich sie rasseln kann,
ich rassle laut und leis,
seht, wie ich sie rasseln kann,
ich rassle laut und leis.

Die Kleinen spielen nacheinander auf der Trommel oder mit der Rassel und die Spielleitung singt mit den Kindern das Lied.

Meine Trommel
(Trommelspiel)

Material: Alltagsgegenstände, die sich zum Trommeln eignen (Dosen, Schachteln, Schüsseln, Löffel, Rührlöffel, Holzstäbe)

Die Kinder spielen mit jeweils zwei Stäben oder Löffeln auf einem Klangkörper, z. B. einem umgedrehten Karton. Die Spielleitung lässt sie zunächst frei damit spielen und gibt ggf. Spielanregungen. Wenn die Kinder vertraut mit dem Material sind, begleitet die Spielleitung mit den Kindern rhythmisch einen Vers, wobei die Lautstärke und das Tempo passend zum Text variiert wird.

Die Trommeln machen bum bum bum,
wenn wir damit spielen, bum bum bum.
Wir trommeln nun ganz leis bum bum bum,
gemeinsam hier im Kreis bum bum bum.
Dann spielen wir ganz laut BUM BUM BUM,
ein jeder hier nun schaut BUM BUM BUM.
Nun spielen wir ganz schnell
bum-bum-bum bum-bum-bum
bum-bum-bum bum-bum-bum.
Die Trommeln sind jetzt stumm.

Die Bärenjagd
(Mitmachgeschichte)

Bei diesem Spiel wird eine Bärengeschichte mit Körperinstrumenten und Geräuschen begleitet. Die Kleinen lieben das Spiel von der Bärenjagd, voller Eifer bringen sie sich durch Klatschen, Trommeln, Stampfen und eigene stimmliche Geräusche mit ein. Bei häufiger Wiederholung kennen die Älteren die Geschichte bald auswendig. Ganz schön spannend ist so eine Bärenjagd – besonders, wenn der Bär entdeckt wird und der Ablauf in umgekehrter Reihenfolge im Schnelldurchgang erfolgt. Zum Schluss erreichen alle die Tür und bringen sich vor dem Bären in Sicherheit.

Heute gehen wir auf Bärenjagd.
Heute gehen wir auf Bärenjagd.
(Auf die Oberschenkel klatschen.)

Aus dem Haus,
(Mit den Händen ein Dach darstellen.)
über die Brücke, holterdiepolter, holterdiepolter.
(Auf die Brust trommeln.)
Ist hier vielleicht ein Bärchen da?
(Mit dem Zeigefinger zeigen.)
Nein, da ist kein Bärchen da!
(Den Kopf schütteln.)

Heute gehen wir auf Bärenjagd.
Heute gehen wir auf Bärenjagd.
(Auf die Oberschenkel klatschen.)

Durch das Gras, raschel, raschel, raschel.
(Handflächen aneinander reiben.)
Ist hier vielleicht ein Bärchen da?
(Mit dem Zeigefinger zeigen.)
Nein, da ist kein Bärchen da!
(Den Kopf schütteln.)

Heute gehen wir auf Bärenjagd.
Heute gehen wir auf Bärenjagd.
(Auf die Oberschenkel klatschen.)

Durch die Sümpfe, pfff, pfff, pfff.
(Mit den Handflächen auf den Oberschenkeln Laufbewegungen nachahmen.)
Ist hier vielleicht ein Bärchen da?
(Mit dem Zeigefinger zeigen.)
Nein, da ist kein Bärchen da!
(Den Kopf schütteln.)

Heute gehen wir auf Bärenjagd.
Heute gehen wir auf Bärenjagd.
(Auf die Oberschenkel klatschen.)

In den Wald, huuu, huuu, huuu.
(Hände vor den Mund halten.)
Ist hier vielleicht ein Bärchen da?
(Mit dem Zeigefinger zeigen.)
Ja, da ist ein Bärchen da!
(Mit dem Kopf nicken.)

Schnell nach Hause!
(Mit den Füßen auf den Boden stampfen.)
Durch die Sümpfe, pfff, pfff, pfff.
(Schnell mit den Handflächen auf den Oberschenkeln Laufbewegungen nachahmen.)
Durch das Gras, raschel, raschel, raschel.
(Schnell Handflächen aneinander reiben.)
Über die Brücke, holterdiepolter, holterdiepolter.
(Schnell auf die Brust trommeln.)
In das Haus, Türe zu, puh!
(Schnell mit beiden Händen ein Dach zeigen und bei „Türe zu" Hände zusammenklatschen.)

Heute waren wir auf Bärenjagd.
Heute waren wir auf Bärenjagd.
(Auf die Oberschenkel klatschen.)

Glöckchentanz
(Bewegungsimpuls)

Material: viele Glöckchen, Bänder

Die Spielleitung fädelt jeweils drei bis vier Glöckchen auf ein Band und bindet dieses mit einer Schleife an den Fuß oder an das Handgelenk der Kinder.
Die Kinder bewegen sich damit und sammeln dabei unterschiedliche Erfahrungen: Wie hört es sich an, wenn ich laufe, krabble, springe oder stillstehe – wann klingen die Glöckchen laut, wann klingen sie leise?
Die Spielleitung tanzt mit den Kindern gemeinsam und singt folgendes Lied dazu.

Melodie: Brüderchen, komm tanz mit mir
Glöckchen machen kling-kling-klang,
wenn ich lauf ganz schnell, kling-klang.
Kling-kling-klang, kling-kling-klang,
wenn ich steh, verstummt der Klang.

Rasselschachtel
(Kreativimpuls)

Kinder spielen gerne mit Instrumenten. Rasselschachteln können schon mit den Jüngsten leicht hergestellt werden.

Alter: ab 2 Jahren

Material: Käseschachtel, Klangmaterial (getrocknete Erbsen oder Linsen), Kreppklebeband, Temperafarben oder Fingerfarben, Kinderpinsel, Malkittel
Für die Variante: Filmdöschen (in Fotogeschäften erhältlich)

Die Kinder basteln eine Rasselschachtel:
Die Kinder füllen in eine Käseschachtel etwas Klangmaterial. Die Spielleitung klebt sie anschließend mit Kreppklebeband gut zu. Mit bunter Farbe bemalen die Kleinsten nun ihre Rassel.

Variante: Die Kinder füllen Klangmaterial in Filmdöschen und der Deckel wird verschlossen. Bei den Jüngsten sollte der Deckel mit Klebeband verklebt werden.

Kreative Spiele in der Faschingszeit

Kasper und Gretel feiern Fasching
(Spielgeschichte)

In der Faschingszeit können Kasper und Gretel die Kinder immer wieder besuchen und neues Spielmaterial mitbringen.
Für Kinder sind solche kleinen Handpuppenszenen spannend, sie haben Spaß daran und werden dazu angeregt, sich sprachlich zu äußern. Je vertrauter sie mit den Figuren sind, desto eher lassen sie sich auf das Spiel ein.

Material: Kasper und Gretel (Handpuppen), Karton, Verpackungsmaterial (Zeitungen, Klebeband), Spielmaterial (viele Luftballons, Luftschlangen oder Orffinstrumente), Faschingsmusik

Vorbereitung: Die Spielleitung legt Luftballons in einen Karton. Den Karton packt sie mit Zeitungspapier gut ein, damit die Kinder etwas zum Auspacken haben. Oft ist bei den Kleinsten die Verpackung interessanter als der Inhalt. Um die Spannung und Auspackfreude zu erhöhen, kann die Spielleitung auch mehrere unterschiedlich große Kartons ineinander packen.

Anleitung: Die Kinder sitzen im Kreis und die Spielleitung führt mit den beiden Handpuppen einen Dialog. Dabei bewegt sie die Figuren entsprechend und bezieht die Kinder mit ein.

(**Kasper** *erscheint.)* „Tri tra trullala, tri tra trullala, der Kasperle ist wieder da!
Hallo, Kinder, ich bin's, der Kasper! Wie schön, dass ihr da seid!
Wie heißt denn du? - Und du? - Und du? - Und du?" *(Die Kinder sagen ihre Namen, die Spielleitung unterstützt sie bei Bedarf.)*
„Schön, dass ich heute bei euch bin. Hört einmal, wie toll ich mit meinen Händen klatschen kann!" *(Kasper klatscht in die Hände.)*
„Habt ihr auch zwei Hände?" *(Die Kleinen zeigen dem Kasper ihre Hände.)*
„Ja, super, dann klatscht doch mal mit euren Händen!" *(Die Kinder klatschen.)*
„Toll, da können wir ja zusammen ein Lied singen und dabei klatschen!

Klatschen, klatschen, immer klatschen,
jeder klatscht, so viel er will.
Klatschen, klatschen, immer klatschen
und dann sind die Hände still!

Liebe Kinder, ich bin heute ganz aufgeregt. Denn heute kommt meine Freundin, die Gretel, und wir wollen zusammen Fasching feiern. Wo bleibt sie denn nur? Ich glaub, ich muss sie rufen: Gretel, Gretel, Gretel!
Nanu, sie hört mich ja gar nicht. Helft doch alle mal bitte mit, vielleicht kann uns die Gretel dann besser hören. Gretel, Gretel, Gretel!" *(Die Kinder rufen mit dem Kasper nach der Gretel.* **Gretel** *erscheint:)*
„Hallo, Kasper. Und ach, guten Tag, liebe Kinder, schön, dass ihr da seid. Ach, wenn ihr heute schon einmal da seid, kann ich auch gleich das Faschingspaket holen. Wartet einen Augenblick, ich hole es geschwind. Kasper, kannst du mir bitte helfen?"
*(***Gretel** *und* **Kasper** *holen gemeinsam das* **Paket.***)*
„Hau ruck, hau ruck, hau ruck, das Paket ist aber schwer. Was da wohl alles drin ist?
Liebe Kinder, wollt ihr uns helfen, das Paket auszupacken?" *(Gemeinsam packen die Kinder das*

Paket aus. Zum Vorschein kommen **Luftballons.***)*
„Oh, toll, Luftballons! Liebe Kinder, wollen wir gemeinsam damit spielen?" *(Die Spielleitung bläst jedem Kind einen Luftballon auf. Gemeinsam spielen und tanzen alle Kinder mit ihren Luftballons und Kasper und Gretel zur Faschingsmusik. Am Ende verabschieden sich* **Kasper** *und* **Gretel** *von ihnen:)*
„Liebe Kinder, das hat richtig Spaß gemacht! Doch leider müssen wir jetzt wieder nach Hause gehen. Auf Wiedersehen, bis zum nächsten Mal!"
„Tschüss, liebe Kinder, es war schön bei euch!"
(Kasper und Gretel winken zum Abschied und singen:)
„Tri tra trullala, tri tra trullala, der Kasper und die Gretel sind nicht mehr da."
*(*Kasper *und* Gretel *nehmen den* Karton *und verschwinden damit.)*

Kasper und das Gretelein

(Bewegungsspiellied)

Material: evtl. Konfetti oder Luftschlangen

Melodie: Brüderchen, komm tanz mit mir
Kasper und das Gretelein
kommen jetzt zu uns herein.
Spielen heut, spielen heut
etwas vor, ihr lieben Leut.
(Beide Daumen zeigen und hin- und herbewegen.)

Auch die Hexe Hinkebein,
will am Fasching bei euch sein.
(Einen Daumen zeigen und bewegen.)
Zaubert heut, zaubert heut,
(Mit dem Zeigefinger Zauberbewegungen machen.)
etwas her, ihr lieben Leut.
(Beide Hände in die Luft strecken, evtl. Konfetti oder Luftschlangen in den Raum werfen.)

Und der Kasper tanzt so schön,
mit Prinzessin Tausendschön.
Tanzen heut, tanzen heut,
rundherum, ihr lieben Leut.
(Beide Daumen zeigen und damit hin und her und rundherum tanzen.)

Alle Kinder tanzen mit,
tanzen hier mit großem Schritt.
Rufen hier, rufen da:
„Fasching, das ist wunderbar!"
(Alle Kinder tanzen.)

Verkleidungskiste
(kreativer Spielimpuls)

Verkleidungsspiele haben etwas Faszinierendes. Schon Zweijährige lieben es, sich zu verkleiden und in andere Rollen zu schlüpfen. Sie haben Spaß daran, sich im Spiegel zu betrachten und ihre Mimik zu erproben und zu erforschen. Die Jüngsten versuchen, das Gegenüber im Spiegel zu greifen. Ihnen ist ihr Spiegelbild noch nicht bekannt. Sie lachen es an und freuen sich, dass es zurücklacht.

Material: Kiste oder große Wanne, Hüte, Tücher, Schals, Ketten, Umhänge, Handschuhe, Bademäntel, Kleider, Hemden, Brillen, Handschuhe, Handtaschen, große Hausschuhe, großer Spiegel

Für die Verkleidungskiste werden ausrangierte Kleidungsstücke, Requisiten und Accessoires gesammelt.
Beim gemeinsamen Spiel können die Kinder in der Kiste stöbern und die interessantesten Dinge entdecken und ausprobieren. Wie läuft es sich mit großen Schuhen? Wie sehe ich mit einem großen Hut, einer Brille oder einem langen Rock aus? Unbefangen imitieren Kleinkinder Personen und Redensarten.

Ich habe einen bunten Hut,
ach, der steht mir ja so gut.
Auf der Nase hab ich 'ne Brille,
schau nun aus wie die Sybille.
Bind' mir noch ein Tüchlein um,
tanz damit im Kreis herum.
Wer kuckt da aus dem Spiegel raus?
Ich schaue ja ganz anders aus!

Hinweis: Die Verkleidungsutensilien sollten auch im Freispiel für die Kinder gut zugänglich sein, so dass sie jederzeit damit spielen können. Eine Möglichkeit wäre, eine Kleiderstange oder ein Regal im Rollenspielbereich (Puppenecke) der Krippe anzubringen.

Spiel mit klingenden Luftballons
(Bewegungsimpuls)

Luftballons sind ein Spielmaterial mit sehr hohem Aufforderungscharakter, so dass kaum zum Spielen damit angeleitet werden muss. Es sollte lediglich ausreichend Zeit für dieses Angebot zur Verfügung gestellt werden.

Material: viele Luftballons, Glöckchen, evtl. verschiedenes Klangmaterial (getrocknete Linsen, Erbsen)

Die Spielleitung füllt in die Luftballons ein bis drei Glöckchen, so dass diese auch akustisch für die Kinder erfahrbar werden. Dafür kann auch anderes kleines Klangmaterial, das keine scharfen Kanten hat, verwendet werden. Die Ballons leicht aufblasen. Im freien Spiel machen sich die Kleinen nun damit vertraut:

- Luftballon hochwerfen oder mit dem Fuß kicken und hinterherlaufen.
- Den auf dem Boden liegenden Ballon wegrollen.
- Den Luftballon am Knoten anfassen und herumschleudern.
- Mit dem Luftballon laufen.
- Im Krabbeln den Luftballon vorwärts bewegen.

Die Spielleitung kann mit den Kindern einen Vers vom Luftballon sprechen. Mit dem Ballon werden dazu die entsprechenden Körperteile berührt.

Ich habe einen Luftballon,
'nen wunderschönen
roten / ... Luftballon.
Er schwebt hoch und nieder
immer, immer wieder.
Nun ist der Luftballon im hohen Bogen
auf meinen Kopf geflogen.
Dann ist der Luftballon im hohen Bogen
auf meine Nase geflogen.
Dann ist der Luftballon im hohen Bogen
auf meine Füße geflogen.
Dann ist der Luftballon im hohen Bogen
auf meinen Bauch geflogen.
Nun ists genug, mein
roter / ... Luftballon,
schweb weiter, lieber Luftballon!

Selbst gemachte Knete
(Kreativimpuls)

Selbst hergestellte ungiftige Knete eignet sich für Kinder hervorragend als Spielzeug, da sie die Motorik fördert und die Fantasie anregt. Matschen und Kneten ist besonders kleinen Kindern ein Grundbedürfnis.

Alter: ab 2 Jahren

Zutaten: 500 g Mehl, 250 g Salz, ca. 20 g Weinsteinsäure oder Zitronensäure (Apotheke / Reformhaus), 3–4 EL Speiseöl, ca. 500 ml kochendes Wasser, Lebensmittelfarbe (evtl. Ostereierfärbetabletten)

Material: Rührschüssel, Handrührgerät mit Knethaken, kleine Teigrollen, Modellierwerkzeug (Holzstäbe, Korken, Gabeln, Plastikmesser, Schaber), luftdichte Plastikschüssel

Vorbereitung: Die Spielleitung stellt eine gesundheitsunbedenkliche Knetmasse her. Hierfür vermischt sie Mehl, Salz und Weinsteinsäure.
Das kochende Wasser, das Speiseöl und die gewünschte Lebensmittelfarbe werden mit einem Rührgerät vermengt, sodass eine geschmeidige Masse entsteht.

Die Kinder spielen mit selbst gemachter Knete:
Nach dem Abkühlen legt die Spielleitung kleine Wellhölzer und Modellierwerkzeuge bereit und verteilt die Knete an die Kinder.
Die Kleinen befühlen die Knete ausgiebig, drücken sie ein, kneten damit, zerschneiden sie und machen Muster mit Gegenständen in die Knetmasse. Es entstehen kleine Kugeln, Würstchen und platt gedrückte oder ausgewellte Formen.
Nach dem Kneten wird die Knetmasse in einer luftdichten Plastikschüssel gesammelt. Im Kühlschrank kann sie einige Monate aufbewahrt werden.

Hinweis: Die Spielleitung kann den Kindern einfache Anregungen geben, mit der Knete zu hantieren, z. B. Kugeln formen oder Würstchen rollen. Wichtig ist, dass sie die Kinder beim Kneten gewähren und experimentieren lässt und nicht eingreift. Das Formen mit Knete sollte ein weitgehend freies Angebot sein.

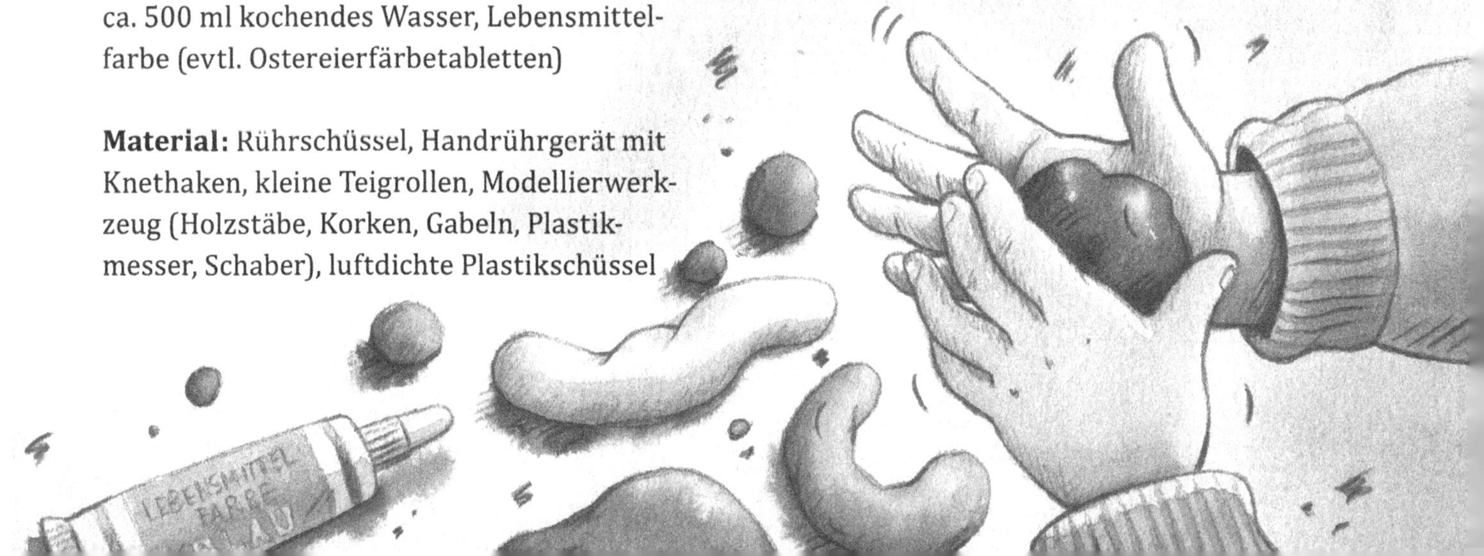

Anhang

Register

Zur Autorin

Martina Wagner ist Erzieherin mit langjähriger Erfahrung in der Spielpädagogik und auch für andere Verlage als Spielebuch-Autorin tätig. Erfahrungen mit Kleinkindern sammelte sie im Kindergarten und durch die Leitung einer Krabbelgruppe. Sie hat drei eigene Kinder und lebt in Baden-Württemberg.

Zur Illustratorin

Vanessa Paulzen studierte Kommunikationsdesign an der Universität Essen mit Schwerpunkt Grafik / Illustration. Sie illustrierte zahlreiche Bücher im Ökotopia Verlag, u. a. aus den Reihen „Kinder spielen Geschichte“ und „Auf den Spuren fremder Kulturen“. Vanessa Paulzen lebt in Düsseldorf und ist neben ihrer Arbeit als Grafikerin auch als freie Künstlerin tätig.

Elke Schlösser

SO GELINGT ZUSAMMENARBEIT MIT ELTERN – U3

Professionell im Kontakt in Startphase, Elterngesprächen, Elternabenden & Hospitationen

ISBN 978-3-86702-239-2

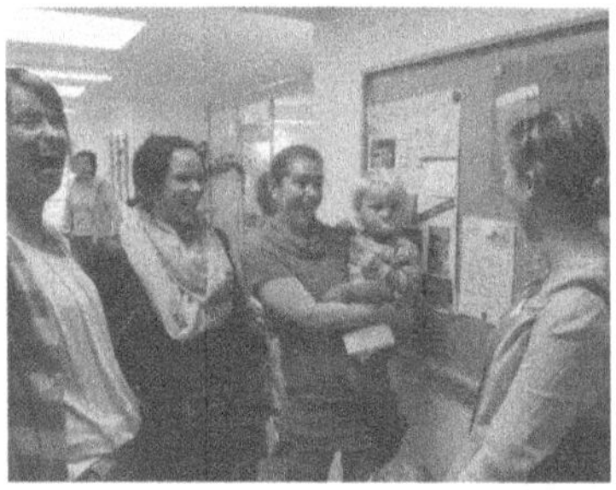

Dieses Methoden-Handbuch unterstützt pädagogische Fachkräfte, die Kinder unter drei Jahren betreuen, erziehen und bilden, optimal bei der professionellen Kommunikation und Kooperation mit deren Eltern. Durch Formulierungshilfen, Checklisten und Kopiervorlagen ist das Konzept direkt im Alltag einsetzbar und bietet Ideen und Anregungen für Anmeldung, Aufnahmegespräche, Eingewöhnung, Elternbriefe, Tür-und-Angel-Gespräche, Hospitationen, Entwicklungsgespräche, Elternabende u.v.m. Reflexionen und Aufgaben zur professionellen Vertiefung runden das Angebot ab. Das praktische Ordnerformat ermöglicht eine flexible Handhabung und bietet Platz für eigene Ergänzungen.

ökotopia

www.oekotopia-verlag.de